U0929840

# 老区何以不老

## ——让老区精神永放光芒

钟小武　主编

江西教育出版社
JIANGXI EDUCATION PUBLISHING HOUSE
·南昌·

图书在版编目（CIP）数据

老区何以不老：让老区精神永放光芒 / 钟小武主编
. -- 南昌：江西教育出版社，2023.11
ISBN 978-7-5705-3687-0

Ⅰ. ①老… Ⅱ. ①钟… Ⅲ. ①革命传统教育 - 研究 - 中国 Ⅳ. ①D642

中国国家版本馆CIP数据核字（2023）第082097号

**老区何以不老：让老区精神永放光芒**
LAOQU HEYI BULAO:RANG LAOQU JINGSHEN YONG FANG GUANGMANG
**钟小武** 主编

---

江西教育出版社出版
（南昌市学府大道 299 号 邮编：330038）

出 品 人：熊 炽
策划编辑：张芙蓉
责任编辑：李 倩 朱雅琳
美术编辑：梁 爽
封面设计：红星文化

各地新华书店经销
江西千叶彩印有限公司印刷
710 毫米 ×1000 毫米 16 开本 15.5 印张 160 千字
2023 年 11 月第 1 版 2023 年 11 月第 1 次印刷

ISBN 978-7-5705-3687-0
**定价：48.00 元**

---

赣教版图书如有印装质量问题，请向我社调换 电话：0791-86710427
总编室电话：0791-86705643 编辑部电话：0791-86700573
投稿邮箱：JXJYCBS@163.com 网址：http://www.jxeph.com

# 前　言

老区是新民主主义革命时期中国共产党创建、巩固、发展和扩大革命根据地的伟大进程中，为中国革命和民族解放事业作出过重要贡献的区域。老区精神是中国共产党团结带领老区人民创建和发展革命根据地、建立红色政权和探索中国革命道路、追求民族解放和人民幸福的壮阔征程中，老区人民用鲜血和生命铸就的伟大精神。新民主主义革命时期，在中国共产党领导下，苏区、抗日根据地、解放区群众积极参加土地革命、抗日战争、解放战争，为中国革命的胜利、中华民族的独立作出重大牺牲和贡献。在这一伟大历程中，老区精神体现了对党忠诚、无私奉献、艰苦奋斗等优秀品质。习近平总书记指出："老区精神积淀着红色基因。"这一精神是党的宝贵精神财富和中国共产党人精神谱系的重要组成部分，是老区人民选择中国共产党的历史见证，是中华优秀传统文化的传承与升华，是激励老区人民追求幸福生活、推动振兴发展的强大精神动力。

老区精神丰富了中国共产党人精神谱系，滋养了中华民族的红色血脉。老区人民的丰功伟绩及老区精神永远镌刻在中国共产党、中国人民解放军、中华人民共和国的历史丰碑上。我们党始终牢记老区和老区人民对中国革命作出的巨大牺牲和贡献，始终不忘与老区人民水乳交融、血肉相连的鱼水情深。党的十八大以来，习近平总书记多次深入革命老区考察调研并强调：我们永远不要忘记老区，永远不要忘记老区人民；促进革命老区加快发展；让老区人民过上幸福生活。

2021年9月，党中央批准了中央宣传部梳理的第一批纳入中国共产党人精神谱系的伟大精神，老区精神位列其中。深入研究、宣传、弘扬老区精神，对于铭记老区人民为中国革命作出的重大牺牲和贡献、丰富中国共产党人精神谱系、推进红色基因传承、推动乡村振兴，具有重要的历史意义和现实意义。

新时代如何传承和弘扬老区精神是一个重大的现实问题。在相当长的一段时期内，革命老区在经济、社会事业等方面落后于沿海发达地区，以至于有“老少边穷地区”的说法。“老区何以不老”不仅是一个重要的学术问题，而且具有重要的现实价值。有鉴于此，本书围绕老区精神孕育发展的历史背景、老区精神的基本内涵、老区精神的历史地位、老区精神的时代价值、老区在新时代的振兴发展等方面展开，分析了老区的时空概念、老区精神的主体、老区精神的内涵提炼和根本遵循以及基本原则等问题，还通过一系列生动事例，充分展现了老区精神的丰富内涵。老区精神不仅是革命战争年代的制胜法宝，在社会主义革命和建设时期仍然发挥着激励和引领作用，在改革开放和社会主义现代化建设新时期再次焕发出强大的生命力和感召力。而今，老区人民务实创新，走出一条红色引领、绿色发展的科学发展之路。广大革命老区的红色资源转化为经济发展动力，山河优美、经济发展、社会进步、人民富裕。

从当年苏区、抗日根据地、解放区在政治、经济、社会、文化等方面的全面发展，到今天革命老区日新月异的进步，无不证明老区精神跨越时空、历久弥新。老区精神是革命先辈用鲜血和生命铸就的，永远需要我们传承弘扬、发扬光大；老区建设发展是一代代老区人民忠诚担当、务实推进的，永远激励我们踔厉奋发、接续奋斗。在新的历史时期，完成新的历史使命，我们必须更加自觉地把握和认识老区精神的当代价值，把老区精神作为一种信仰信念来坚守，作为一种革命传统来发扬，作为一种优良作风来倡导，作为一种前行动力来加注，深刻认识老区精神，大力弘扬老区精神，自觉践行老区精神，让老区精神永远成为激励老区人民艰苦奋斗、干事创业的强大精神力量。

老区精神与其他革命精神相比，有着鲜明的特色，不仅体现了老区人民为中国革命作出的重大牺牲与贡献，也彰显了党员干部爱民亲民为民、老区人民爱党信党为党，党政军民水乳交融、生死与共的关系。新时代深化和凝练老区精神基本内涵，有助于深入挖掘和弘扬老区精神蕴含的红色基因，进一步丰富中国共产党人精神谱系，教育和引导广大党员干部群众始终听党话、感党恩、跟党走，为新时代推动革命老区高质量发展、全面建设社会主义现代化国家、全面推进中华民族伟大复兴贡献智慧和力量。

老区精神是老区优良传统的结晶，是老区人民艰苦奋斗、无私奉献、坚定不移跟党走的真实写照。在老区精神引领下，老区人民坚持发扬优良传统，为实现美好生活而积极进取，用实际行动谱写了革命老区全面建成小康社会的壮丽诗篇。大力传承和弘扬老区精神，有助于我们更好地继承和发扬老区优良传统，激发我们开拓奋进、不懈奋斗的智慧和力量，积极投身革命老区振兴发展的伟大事业，奋力谱写革命老区高质量发展新篇章，对于推动老区在新时代续写新辉煌具有重大的历史意义和现实意义。

如今，我们已经实现了第一个百年奋斗目标，在新征程上，在以习近平同志为核心的党中央坚强领导下，老区人民必将进一步弘扬老区精神，坚定不移跟党走，更加意气奋发向着第二个百年奋斗目标迈进！

全国红色基因传承研究中心

# 目录

# 老区何以不老

# 第一章

# 从苏区到解放区：革命老区是党和人民军队的根

习近平总书记指出，革命老区是党和人民军队的根，我们不能忘记我们是从哪里走来的，永远都要从革命历史中汲取智慧和力量。革命老区不仅是党和人民军队的根，也是中国人民选择中国共产党的历史见证。在中国革命的不同时期，老区人民为壮大革命力量、争取革命胜利付出了巨大牺牲，作出了重大贡献。老区人民义无反顾地跟随中国共产党，支持中国共产党及其领导的人民军队，为中国革命战争贡献了大量的人力、物力、财力，甚至是生命。从苏区到解放区，人民群众同中国共产党及其领导的人民军队风雨同舟、血肉相连、生死与共铸就的革命精神和光荣传统一直延续下来，成为我们党的宝贵精神财富。

## 第一节
## 苏区人民加入轰轰烈烈的土地革命

1927年大革命失败后，中国共产党打出了土地革命的旗帜。根据地人民积极支持和参与党的革命斗争，革命根据地得以创建，红军不断发展壮大，党的执政实践得以顺利开展。人民群众与中国共产党及其领导的红军一条心。“苏维埃政府是真正人民的政府、廉洁的政府。红军是真正的人民的军队，是英勇而光荣的军队。”[①]在革命实践中，苏区人民表现出了对党忠诚、无私奉献、艰苦奋斗等宝贵的革命品质，锤炼出了伟大的革命精神。

①《共产国际执行委员会东方书记处关于中国形势和中共策略的决议初稿》（1934年9月1日），载中共中央党史研究室第一研究部编《共产国际、联共（布）与中国革命档案资料丛书》第14卷，中共党史出版社，2007，第215页。

## 帮助点燃“革命星火”

中国共产党领导的土地革命是以“星星之火，可以燎原”之势燃烧至全国的，苏区人民是使革命星火不断蔓延的重要力量。大革命失败后，中国共产党开启了实行工农武装割据、创建农村革命根据地的伟大历程。中国共产党以“唤起工农千百万”的伟大气魄，积极动员广大工农群众参与革命斗争。根据地人民的革命觉悟逐渐提高，他们拥护党和红军，参与创建了十多块革命根据地（亦称苏区）。革命根据地既是中国共产党和人民军队的根，也是人民群众进行革命实践的重要基础，是伟大的老区精神孕育形成的发源地。

井冈山革命根据地是土地革命战争时期人民群众参与创建的最早的农村革命根据地，具有重要的标志性意义。1927年10月，毛泽东率领湘赣边界秋收起义的工农革命军抵达井冈山，开始创建革命根据地。从1927年10月至1930年2月，毛泽东、朱德等人把马克思主义基本原理与中国革命具体实际相结合，领导湘赣军民创建和发展了井冈山革命根据地。这是农村包围城市、武装夺取政权的中国革命道路的光辉起点。井冈山人民跟着党和红军进行武装斗争，打土豪、分田地，帮助党建立各级工农民主政权，并参加红军或建立地方武装，积极配合红军反对敌军“进剿”“会剿”，巩固和发展革命根据地。1928年1月，毛泽东在遂川宣布了“六项注意”（以后发展为“八项注意”），得到了群众的真心拥护和赞誉。以前群众对党和红军了

▲油画:《井冈山会师》

解不多，但经过广泛的革命宣传和实际行动的教育，“群众再看到我们，不仅不跑，还主动帮助我们调查土豪地主坏分子，配合我们开展工作”，这就奠定了红色政权的群众基础。由于边界人民群众的大力支持，在井冈山革命根据地的全盛时期，它横跨江西、湖南两省，包括江西的宁冈、永新、莲花和湖南的酃县、茶陵等地，面积达到7200多平方公里，人口50多万。[①]井冈山革命根据地的革命星火迅速扩散，在这一过程中也孕育出伟大的井冈山精神。

中央革命根据地（亦称中央苏区）是土地革命战争时期赣南、闽西人民参与创建，当时全国最大的、实力最强的革命根据地，也是全国苏维埃运动的中心区域。1929年1月，毛泽东、朱德率领红四军主力下井冈山转战赣南、闽西，开始创建中

① 中国老区建设促进会编《中国革命老区》，中共党史出版社，1997，第5页。

央苏区。在此之前，人民群众在当地党组织领导下发动武装起义，参与创建了东固、桥头、永定溪南等大小不等的革命根据地，为中央革命根据地的形成奠定了基础。在创建中央苏区的过程中，苏区群众积极配合党的政策和红军的武装斗争，支持革命根据地的创建与发展。例如，1929年2月，毛泽东、朱德、陈毅率领红四军主力到达东固地区，受到东固人民的热烈欢迎。红四军在此与红二、红四团举行了盛大的会师大会，东固人民给予大量物资支援。陈毅极为感动，不由赋诗一首："东固山势高，峰峦如屏障。此是东井冈，会师天下壮。"①在人民群众的大力支持下，至1930年10月江西省苏维埃政府成立之时，中央苏区基本形成。随着革命根据地区域不断扩大，以及出于加强统一领导的迫切需求等因素，1931年11月7日，中华苏维埃共和国临时中央政府成立。至此，中国共产党开始局部执政的伟大探索。1933年2月至3月，红军粉碎国民党第四次大规模"围剿"，中央苏区面积迅速扩大，整个中央苏区步入全盛时期。但是，因为受"左"倾错误的影响，中央苏区第五次反"围剿"失败，红军被迫战略转移，开始长征。在此过程中，孕育出伟大的苏区精神和长征精神。

在苏区人民的支持下，党还领导创建了鄂豫皖、湘鄂西、海陆丰、琼崖、闽浙赣、湘鄂赣、湘赣、左右江、川陕、陕甘、湘鄂川黔等苏区。这些苏区广泛分布在江西、福建、湖南、湖北、广东、广西、河南、安徽、浙江、四川、陕西、贵州、甘

① 中国老区建设促进会编《中国革命老区》，中共党史出版社，1997，第29页。

肃等十多个省的边界地区或远离中心城市的偏僻山区。中华苏维埃共和国成立之时，全国红色区域已经发展到10多个省200余县的广大地区，面积扩大到约16万平方公里，拥有人口1000多万。之后，红色区域面积不断扩大。在革命根据地的创建、发展、壮大乃至中央红军主力离开苏区后的历史进程中，在中华苏维埃共和国治国理政探索过程中，老区人民的热烈拥护和大力支持是党的重要力量源泉。

## 参与“打土豪、分田地”斗争

“中国的苏维埃与红军，是从土地革命中生长与发展起来的，广大的农民群众在地主阶级与国民党军阀的残酷压迫剥削之下，只有土地革命才能解放他们。”为解决“绝大多数农民失去土地，陷于求生不能求死不得的惨境”，中国共产党领导根据地人民进行了轰轰烈烈的土地革命运动，以“使土地革命的果实完全落在雇农贫农中农的手里”。[①]从实质而言，革命根据地的土地革命是消灭地主土地所有制，根本改变生产关系，解放生产力，实现“耕者有其田”，这是中国共产党领导人民进行的最重大的社会变革。

各根据地基本坚持了切实可行的土地革命路线：依靠贫农、雇农，联合中农，限制富农，消灭地主阶级，变封建土地所有制为农民土地所有制；以乡为单位，按人口平均分配土地，在

①《中华苏维埃共和国中央执行委员会与人民委员会对第二次全国苏维埃代表大会的报告》，载江西省档案馆、中共江西省委党校党史教研室选编《中央革命根据地史料选编》下册，江西人民出版社，1982，第319—320页。

原耕地基础上，抽多补少，抽肥补瘦；等等。苏区人民群众积极地拥护党的土地改革，行动起来打土豪、分田地，废除旧债务，烧毁旧田契，从而得到了梦寐以求的土地，加快了自身的阶级解放。

在井冈山，以1928年5月湘赣边界党的第一次代表大会为标志，井冈山革命根据地全面推进土地革命。当时的具体步骤和方法为：一是成立由县、区、乡各级工农兵代表大会选举产生的土地委员会，具体领导分田；二是调派一大批红军干部深入各区、乡村，发动群众，指导分田；三是以乡为单位分配土地，按人口平均分配；四是以原耕地为基础，抽多补少，抽肥补瘦。井冈山群众积极参与其中。刚开始时边界的贫苦农民以为自己贫穷是“命中注定”“八字不好”等，经过党的教育，他们打破了“宿命论”的束缚，积极地跟随党打土豪，分大地主的谷子，杀猪宰羊，没收地主土地，烧毁旧田契，实现了大翻身。其中，在毛泽东、毛泽覃等人的大力支持下，1928年3月湘赣边界大陇区乔林乡的农民开展了轰轰烈烈的打土豪斗争。他们组织了贫农会，和当地土豪陈云开进行了不屈不挠的斗争。陈云开对包括自家长工在内的当地农民极其刻薄，深为大家所痛恨。斗争开始后，上千名愤怒的农民涌进陈云开家，控诉他的罪恶。这些贫苦农民跟他算剥削账，要他承认自己的剥削行为。之后，大家一起分了陈云开的谷子等财产，很多人高高兴兴地把分到的东西挑回家。通过这一斗争，农民的斗争热情高涨。湘赣边界党的第一次代表大会后，毛泽东亲赴永新县塘边一带发动群众打土豪，进行土地革命。在毛泽东的帮助下，塘边有80多户村民行动起来，他们按照毛泽东的指示，按照人口分配土地。分到田后，农民们高兴地在田里插上新户主的牌子。当时禾苗刚好成熟，农民们兴高采烈地到刚刚分得的田里去割稻子，“个个喜气洋洋”。

在海陆丰根据地，几十万人民群众在党的领导下积极行动起来。到1928年2月，海丰县人民群众没收和分配了全县80%的土地，烧毁了471188张田契和58027本租簿；陆丰县人民群众分配了全县40%的土地，并取消了一切高利贷剥削，废除一切债务。[①]苏维埃政府给分得土地的农民颁发土地使用证，保证农民享有土地使用权。受海丰县、陆丰县的土地革命运动的鼓舞，紫金、惠阳等县的人民群众也结合本地实际，开展分配土地的活动。

在赣南、闽西根据地，毛泽东在井冈山《土地法》的基础上，制定兴国县《土地法》，规定“没收一切公共土地及地主阶级的土地”，分配给无地及少地的农民。1928年7月，中共闽西第一次代表大会也通过了《土地问题决议案》。以土地法为引领，赣南、闽西的人民群众在党组织的领导之下积极行动起来，进行分田分地、打倒土豪等革命斗争。至1930年3月，赣西南的吉安、吉水、永丰、安福、南丰、广昌、宁都、于都、兴国、泰和和赣江东岸的农民纷纷起来分田，分田比例超过一半；闽西的长汀、连城、上杭、龙岩、永定等50多个区、600多个乡的农民都解决了土地问题，有80多万农民得到了土地。

---

① 广东省社会科学学会联合会等编《海陆丰革命根据地研究》，人民出版社，1988，第167页。

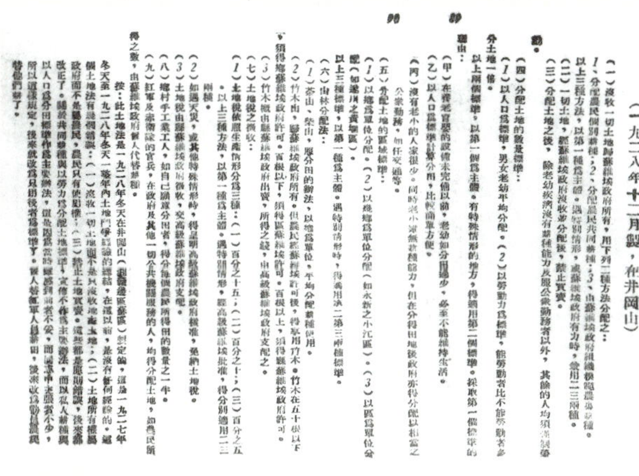
土地法

（一九二八年十二月製，在井岡山）

（一）沒收一切土地歸蘇維埃政府所有，用下列三種方法分配之：1、分配農民個別耕種；2、分配農民共同耕種；3、由蘇維埃政府組織模範農場耕種。以上三種方法，以第一種為主體。遇特別情形，或蘇維埃政府有力時，兼用二三兩種。

（二）一切土地，經蘇維埃政府沒收並分配後，禁止買賣。

（三）分配土地之後，除老幼疾病沒有耕種能力及服公眾勤務者以外，其餘的人均須強制勞動。

（四）分配土地的數量標準：（1）以人口為標準，男女老幼平均分配。（2）以勞動力為標準，能勞動者比不能勞動者多分土地一倍。以上兩個標準，以第一個為主體。有特殊情形的地方，得適用第二個標準。採取第一個標準的理由：

（甲）在養老育嬰的設備未完備以前，老幼如分田過少，必至不能維持生活。

（乙）以人口標準計算分田，比較簡單方便。

（丙）沒有老小的人家很少。同時老小輩雖無耕種能力，但在分得田地後政府亦得分配以相當之公眾勤務，如任交通等。

（五）分配土地的區域標準：（1）以鄉為單位分配。（2）以幾鄉為單位分配（如永新之小江區）。（3）以區為單位分配（如遂川之黃坳區）。以上三種標準，以第一種為主體。遇特別情形時，得適用第二第三兩種標準。

（六）山林分配法：

（1）茶山、柴山，照分田的辦法，以鄉為單位，平均分配耕種使用。

（2）竹木山，歸蘇維埃政府所有。但農民經蘇維埃許可後，得享用竹木。竹木在五十根以下，須得鄉蘇維埃政府許可。百根以下，須得區蘇維埃許可。百根以上，須得縣蘇維埃政府許可。

（3）竹木概由縣蘇維埃政府出賣，所得之錢，由高級蘇維埃政府支配之。

（七）土地稅之徵收：

（1）土地稅依照生產情形分為三種：（一）百分之十五；（二）百分之十；（三）百分之五。以上三種方法，以第一種為主體。遇特別情形，經高級蘇維埃批准，得分別適用二三兩種。

（2）如遇天災，或其他特殊情形時，得呈明高級蘇維埃政府核准，免納土地稅。

（3）土地稅由縣蘇維埃政府徵收，交高級蘇維埃政府支配。

（八）鄉村手工業工人，如自己願意分田者，得分每個農民所得田的數量之一半。

（九）紅軍及赤衛隊的官兵，在政府及其他一切公共機關服務的人，均得分配土地，如農民所得之數，由蘇維埃政府雇人代替耕種。

按：此土地法是一九二八年冬天在井岡山（湘贛邊區蘇區）製定的，這是一九二七年冬天至一九二八年冬天一整年內土地鬥爭經驗的總結，在這以前，是沒有任何經驗的。這個土地法有幾個錯誤：（一）沒收一切土地而不是只沒收地主土地；（二）土地所有權屬政府而不是屬農民，農民只有使用權；（三）禁止土地買賣。這些都是原則錯誤，後來都改正了。關於共同耕種與以勞力為分配土地標準，宣傳不作為主要辦法，而以私人耕種與以人口為分田標準作為主要辦法，但是因為當時感到前者不妥，而國民黨中主張者不少，所以這樣規定，後來就改為只以勞動者為標準了。雇人替紅軍人員耕田，後來改為動員農民替他們耕了。

▲井冈山《土地法》

在鄂豫皖根据地，1930年春，鄂豫边、皖西地区等苏区人民积极响应分田斗争，其中，一些忠于革命、群众关系好、大公无私的群众担任土地委员会委员，具体负责分田。到同年底，鄂豫皖苏区的土地分配基本完成。

在湘鄂西根据地，1930年秋开始，苏区人民在党和政府的领导之下，积极“没收地主阶级的土地和财产”，“没收教堂、庙宇、祠堂、会馆占有的土地及一切带有公共性质的土地”等，“按照人口及劳力混合为标准”重新进行土地分配。① 到1931年春，汉阳县40%的区乡，监利县80%的区乡，江陵县60%的区乡，沔阳县60%的区乡，汉川县50%的区乡，潜江县80%的区乡，江南苏区50%的地区基本实行了土地革命。

在湘鄂赣根据地，1929年秋，苏区人民在党的领导下参与

---

① 余伯流、何友良主编《中国苏区史》上，江西人民出版社，2011，第302—303页。

分田，如帮助调查户口、登记土地、评定土地、划分阶级、分配土地财物等。经过1年多的时间，苏区人民基本完成按照人口平均分配土地的任务。例如，修水县3万户农民得到了土地，浏阳县四分之三的地区分配了土地，阳新县50万农民分得土地，通山县、崇阳县、咸宁县、鄂城县等县各有几万农民得到了土地。

湘赣等其他苏区的人民同样响应“打土豪、分田地”的号召，以主人翁的姿态参与到这一波澜壮阔的运动中。

“苏区土地革命的威力，扫荡了一切封建的残迹，千百万农民群众从长期的黑暗中惊醒起来，夺取了地主阶级的全部土地财产，没收了富农的好田，废除了高利贷，取消了苛捐杂税”，“这就是苏维埃政权下与国民党政权下农村状态的根本区别”。[①]这场轰轰烈烈的土地革命，使根据地人民深切地感受到中国共产党是真正为贫苦群众谋利益的。他们分得田地后，积极从事生产，苏区由此呈现出欣欣向荣的新景象。毛泽东在二苏大报告中热情地谈道：“土地革命不但使农民得到土地，而且要使农民发展土地上面的生产力，由于苏维埃的领导与农民劳动热忱的提高，苏区的农业生产在广大的地方是恢复了，有些并且更加发展了。”在中央苏区创造“第一等的工作”的模范县兴国县，当地农民开展了轰轰烈烈的开荒田运动、春耕运动等。在赣东北苏区，广大农民与党和政府一道成就了闻名全国的“苏维埃模范省”。

---

①《中华苏维埃共和国中央执行委员会与人民委员会对第二次全国苏维埃代表大会的报告》，载江西省档案馆、中共江西省委党校党史教研室选编《中央革命根据地史料选编》下册，江西人民出版社，1982，第319页。

诚如毛泽东在二苏大报告中所言，在人民群众的大力支持下，苏区的农业发展加快，产量提升。在鄂豫皖苏区，农民的生产积极性空前高涨，如1930年黄梅土改后，农业收成增加了二到三成，亩产达到400斤。黄陂县一些地方的水稻亩产量比往年增加了三四十斤。中央苏区1933年的农业产量较1932年增加了15%，赣东北苏区则增加了20%，川陕苏区的农业收成也变好了。农民高兴地唱道："正月是新年，世界大改变，打土豪分田地，耕者有其田。……五月是端阳，穷人把家当，分了田和地，住上好楼房！"①

与此同时，苏区农民的生活也得到极大的改善。"现在农民的生活比较国民党时代是至少改良了一倍。"通过几年的努力，"现在则一般不但没有饥饿的事，而且生活一年比一年丰足了。过去大多数农民每年很少吃肉的时候，现在吃肉的时候多起来了。过去大多数农民衣服着得很烂，现在一般改良，有些好了一倍，有些竟好了两倍"。②

## "潮水一般的涌进红军中去"支持反"围剿"

1930年10月，中原大战和湘粤桂边战争结束后，蒋介石立即调集各方兵力，向全国各苏区和红军发动大规模的"围剿"，企图消灭中国共产党和红军。从1930年冬到1934年10月，国

① 余伯流、何友良主编《中国苏区史》上，江西人民出版社，2011，第280页。

②《中华苏维埃共和国中央执行委员会与人民委员会对第二次全国苏维埃代表大会的报告》，载江西省档案馆、中共江西省委党校党史教研室选编《中央革命根据地史料选编》下册，江西人民出版社，1982，第322页。

民党先后向中央苏区发动五次“围剿”战争。与此同时，也向鄂豫皖、湘鄂西、赣东北、湘鄂赣、川陕等其他苏区发动军事“围剿”。各苏区人民坚定地拥护共产党和红军，发扬牺牲奉献精神，在人力、物力、财力等方面大力支持反“围剿”战争，帮助共产党和红军取得了一个又一个胜利。具体体现在以下4个方面。

一是踊跃参军参战，补充红军兵力。著名的国际新闻记者埃德加·斯诺曾在陕北实地采访苏区红军，他们回答了分配土地后农民的革命热情以及对中国共产党和红军的真诚拥护。无疑，参加红军是最好的支持。在四川参加红军的“红小鬼”告诉斯诺，他的父母是贫农，只有四亩田，不够养活他和两个姊妹。他说，红军到他村子来时，全体农民都欢迎他们，给他们喝热茶，做糖给他们吃。红军剧团演了戏，大家很快活，只有地主逃跑了。分配土地后，他的父母也分到了地。因此他参加穷人的军队时，他们并不难过，反而很高兴。来自湖南的红军这样告诉斯诺，他“在湖南当过铁匠学徒，外号叫‘铁老虎’。红军到他县里时，他放下风箱、锅盘，不再当学徒了，只穿了一双草鞋、一条裤子就赶紧去参军。为什么？因为他要同那些不让学徒吃饱的师傅打仗，同剥削他的父母的地主打仗。他是为革命打仗，革命要解放穷人。红军对人民很好，不抢不打，不像白军”。另外一个来自江西的红军小战士也说“红军对待我们很好，我们从来没挨过打”，“这里大家都一样，不像在白区里，穷人是地主和国民党的奴隶。这里大家打仗是为了帮助穷人”。[①]这些来自

① 埃德加·斯诺:《红星照耀中国》，董乐山译，人民文学出版社，2016，第62—63页。

苏区的红军战士的心里话无疑是苏区人民踊跃参军的最佳证明。

各苏区的参军人数更是最直接的力证。例如，中央苏区在1933年的“扩红突击”运动中，1个月时间内江西兴国县就有900多名群众主动参军，万泰县数百名群众主动参军，瑞金县提出“学习兴国、赶上兴国”的口号，仅在县扩大会上就有107名群众报名参军。从江西全省范围而言，在1932年1月至4月的4个月时间里，苏区人民参军人数达到11833人。在湘鄂西，沔阳县姚家河村600多人中，就有140多人参加红军、赤卫队和游击队，占总人口的近四分之一。在湘鄂赣，从1930年9月到1931年3月，参加红军的翻身农民有3万多人。在鄂豫皖，从1931年6月至8月，仅鄂东北、豫东南地区就有7000多名

▼群众争相参军（浮雕）

农民参加红军。二苏大报告对此高度评价，认为红军迅速地扩大，“依靠于广大工农群众参加革命战争的积极性”，表扬“很多的地方，工农群众潮水一般的涌进红军中去”。[①]这是苏区人民愿意跟随共产党、愿意支持红军、愿意为革命牺牲的生动体现。

即便在长征途中，在敌我斗争恶劣的情况下，苏区人民也大力支持红军，甚至主动加入红军队伍。据当时担任红一军团一师三团党总支书记萧锋的日记所载，1934年12月28日，该团奉命抢占贵州余庆城的途中，14个贫雇农主动参加红军。在1934年12月黎平会议期间，沿途不少群众主动加入中央红军，红军每到一地，就有许多青年主动要求加入，一军团中有一个团，从江西到贵州的60天，减员三分之二，但抵达黎平后仅3天，全团就吸收了75名各族青年。少数民族群众对革命的贡献很大，杨尚昆深情地说：“黄平是少数民族聚居地区，我们向群众宣传党的民族政策，尊重兄弟民族的风俗习惯，不经寨主同意不进寨，不得房主同意不进屋，说话和气，买卖公平，同时向他们宣传革命道理和红军宗旨，获得少数民族兄弟的支持。他们给红军当向导，筹运粮食，运送伤员。许多青年人还踊跃参军。”[②]有许多苗族人民参军，他们熟悉环境，熟悉道路，使红军的“行军、宿营、生活都更方便了”。

---

①《中华苏维埃共和国中央执行委员会与人民委员会对第二次全国苏维埃代表大会的报告》，载江西省档案馆、中共江西省委党校党史教研室选编《中央革命根据地史料选编》下册，江西人民出版社，1982，第303页。

②《杨尚昆回忆录》，中央文献出版社，2001，第117页。

二是积极加入支前工作，为红军斗争提供最大帮助。苏区人民除亲自参与战斗、参军外，还以各种形式支援红军的军事斗争。几乎是红军部队作战到哪里，苏区人民的支前工作就做到哪里。这点令到陕北苏区采访的埃德加·斯诺印象深刻。他真诚地说，农民对红军十分友善，“非常向着他们”。[①]例如，为支持第四次反“围剿”战争，在1933年9月的1个月时间，瑞金县人民群众组建了585个运输队、254个担架队，慰劳队收集2765双布草鞋、337双麻草鞋、7担多果品、188担菜蔬。湘赣苏区人民深情地说：“红军是我们自家人，是保证我们的利益呀！”

三是踊跃购买公债，帮助解决战争经费。第四次反“围剿”之后，苏维埃中央政府的财政吃紧，不得不募集公债。在这种艰难的时刻，苏区人民毫无怨言，把本就不多的积蓄全部拿出来购买公债，以支援红军。据1932年10月8日《中共胜利县委工作报告》称，胜利县圆满完成省苏维埃政府布置的公债任务数额，“省苏共决定我县推销二万九千元，这个数目于九月底完全推销了”。1933年3月21日，《红色中华》报道，中央苏区人民“退还八十万元公债”，并“节省三十万元，帮助战费”。有的群众表示：“买的二期公债票要退还公家，不要还我们的本钱，以帮助前方战费，充足红军给养。”这个钱款数额是很大的。1931年，江西省苏维埃临时政府机关工作人员每天只有0.1元左右的生活费，1932年，临时中央政府规定党政工作人员每

① 埃德加·斯诺：《红星照耀中国》，董乐山译，人民文学出版社，2016，第64页。

天只补助0.05元菜金。[①]赣东北苏区在第五次反“围剿”时也出现了类似的光辉事迹。当时大部分工人都自愿地拿出3个月的工资来购买公债票，红军战士纷纷写信回家，要家里粜谷送钱来买公债票。“发行十万元决战公债票，结果超过预定额四万元。”鄂豫皖等苏区群众也热烈购买公债，一些农民卖猪、卖鸡鸭来买公债。湘赣苏区有六七十岁的老妈妈亲自挑谷子去买公债的。

四是热烈参与节省运动、借粮运动，支援红军的军事供给。在反“围剿”战争期间，国民党实行严厉的经济封锁，以断绝红军的经济来源，导致红军物资供给出现较大困难。1932年2月17日，中华苏维埃共和国人民委员会发布《帮助红军发展革命战争实行节俭经济运动》的第三号通令，指出要树立“节减一文钱即是对革命工作有一分帮助”的观念。在节俭运动中，苏区人民与党和政府一起大量储蓄金钱和积蓄粮食，以作供给红军发展革命战争之用。他们艰苦奋斗，开展各种节省运动、借粮运动。比如，以农民为主导的各类合作组织积极参与节省运动，中央苏区的瑞金壬田合作社节省30万元、瑞金黄柏合作社节省20万元、于都东郊粮食合作社节省2万元、福建上杭合作社节省1.98万元。苏区群众尽可能用豌豆、番薯等杂粮代替米，把节约下来的米供给红军。很多共产党员和红军写信给家里，请家人多借粮食给红军。例如，1933年6月30日，红军战士朱钟标写信给弟弟，劝告“须提早秋耕，赶快将田犁耙好；

① 谭克绳主编《中国革命根据地史》上，福建人民出版社，2007，第326—327页。

秋收以后，即行种杂粮，要和前方红军的胜利配合起来，并且家里谷子要借给红军”。[1]红军长征途中，还得到少数民族群众的物质支援。1935年1月初，红一方面军一直在苗胞地区活动。苗民很穷，没有衣服穿，一家人只有一两条裤子，他们都养猪，就送猪支援红军，这让红军十分感激。

## 参与建立“民众自己的政权”

“工农民主专政的苏维埃，他是民众自己的政权，他直接依靠于民众。他与民众的关系必须保持最高程度的密切，然后才能发挥他的作用。”[2]1931年11月7日中华苏维埃共和国临时中央政府成立后，中国共产党开始局部执政的探索，而苏区人民是共产党局部执政的根基。《中华苏维埃共和国宪法大纲》明确规定，“中国苏维埃政权所建立的是工人和农民的民主专政的国家”，“在苏维埃政权下，所有的工人、农民、红军兵士及一切劳苦民众都有权选派代表掌握政权的管理”。这从宪法根本大法的角度，确立了工农贫苦大众和红军的政治地位。苏区人民也第一次以主人翁的姿态参与政治，支持苏维埃各项建设。人民的支持和参与，使共产党带领群众创建的苏维埃政权得到巩固发展，从而也使共产党的执政实践得以顺利开展。

---

① 朱钟标：《一封红色战士的家信》，《红色中华》1933年7月11日，第3版。

②《中华苏维埃共和国中央执行委员会与人民委员会对第二次全国苏维埃代表大会的报告》，载江西省档案馆、中共江西省委党校党史教研室选编《中央革命根据地史料选编》下册，江西人民出版社，1982，第306页。

苏区群众积极参与苏维埃政权建设表现在以下3个方面。一是从苏维埃政权的人员构成来看，苏区农民是主体，这在基层政权中表现得特别明显。翻身后的农民不仅入了党、参加了红军，也逐渐成长为政府工作的领导者。广大贫苦农民的参与使各级苏维埃政府的工农色彩特别浓厚，苏维埃政府由此也成为苏区人民所热爱的“我们的政府”。二是以苏区工农群众为主体的各类群众组织也成为苏维埃政权建设的“有力助手”。当时的群众组织遍布苏区各地、各行各业，涵盖男女老少，活跃了苏区的社会和政治气氛。其中，工会是最重要的群众组织之一，被毛泽东称为“苏维埃政权的柱石”“保护工人利益的保垒”。至二苏大时，中央苏区的工会会员达到110000人，湘赣苏区23000人，湘鄂赣苏区40000人，闽浙赣苏区25000人，闽

▲中华苏维埃共和国临时中央政府财政人民委员会旧址

赣苏区6000人，闽北苏区5000人。[①]群众组织成为“巩固苏区有力的组织基础”，并承担着“实现苏维埃政权的任务”。三是革命群众参与的各种委员会也是苏维埃政府体系中不可分割的组成部分。许多有革命觉悟的贫苦农民积极加入各种经常的或临时的委员会，例如扩大红军委员会、优待红军委员会、慰劳红军委员会、农业生产委员会、水利委员会、土地登记委员会、查田委员会等，推动苏区的扩红、分田、农业生产等各项建设工作。从实际成效而言，“每个委员会能经常开会和实际的进行工作，能迅速接受群众的意见，实际的解决群众的一切困难”[②]。

参与选举、反贪污等是人民群众参加苏维埃政权建设的生动表现。赣东北群众积极参加苏维埃改选运动，将盘踞苏维埃机关的富农、流氓及其他不良分子清洗出去，许多非党的革命工人、雇农、贫农、苦力的积极分子进入政权体系。中央苏区、湘赣苏区、鄂豫皖苏区等群众对选举权非常尊重，表现出了较大的政治热情。在他们的积极努力下，“贫农是农村政权的主干，成了农村中的指导阶级。”“过去，中农在地主富农统治之下，没有话事权，事事听人家处置；现时，却与贫农雇农一起

---

①《中华苏维埃共和国中央执行委员会与人民委员会对第二次全国苏维埃代表大会的报告》，载江西省档案馆、中共江西省委党校党史教研室选编《中央革命根据地史料选编》下册，江西人民出版社，1982，第317页。

②《江西省第二次工农兵代表大会苏维埃建设决议案》（1933年12月28日大会通过），载江西省档案馆、中共江西省委党校党史教研室选编《中央革命根据地史料选编》下册，江西人民出版社，1982，第281页。

有了话事权。”[1]正是基于贫农、雇农、中农成了政权基础，广大群众实现了在政治上翻身做主人。到1933年6月，他们通过选举或改选，改造了各级苏维埃政府的成分，苏维埃政府中工人成分达到30%以上，其中江西37%，湘赣33%，从而使“改造之后各区都有了显著的进步”。苏区群众还积极参与反贪污等活动。因为有群众的参与，各苏区的工作方式有了很大的改变，基本肃清官僚腐化现象，群众对苏维埃的信仰也日益增强。

苏区人民更是广泛加入苏维埃经济建设中。“苏维埃经济建设的中心是发展农业生产，发展工业生产，发展对外贸易，与发展合作社运动。”[2]其中，“农业生产是苏维埃经济建设的第一位”。如前所言，苏区人民在党的领导之下广泛种植经济作物，努力发展农副业生产，提高农业产量。同时，苏区人民推动苏区工业、手工业、对外贸易的发展。在中央苏区，到1934年建立中央钨砂公司等国营工厂30余家，进厂工作人数有2000余人。在琼崖，苏区人民在党的保护私营手工业政策的支持下，兴办了许多制作竹木器、编草鞋等手工业作坊和手工业合作社。在湘鄂西，苏区人民建立了榨油厂、造纸厂、卷烟厂等。其他苏区人民也发挥创造性，建立各种作坊或工厂，为苏区经济发展和根据地建设作出重要贡献。

苏区人民还积极参与到苏维埃文化教育建设中。毛泽东高

---

①《兴国调查》（1930年10月），载《毛泽东农村调查文集》，人民出版社，1982，第221、217页。

②《中华苏维埃共和国中央执行委员会与人民委员会对第二次全国苏维埃代表大会的报告》，载江西省档案馆、中共江西省委党校党史教研室选编《中央革命根据地史料选编》下册，江西人民出版社，1982，第325页。

度评价中央苏区的思想文化建设，指出："谁要是跑到我们苏区来看一看，那他就立刻看见这里是一个自由的光明新天地。"在苏区，"一切文化教育机关是操在工农劳苦群众的手里，工农及其子女有享受教育的优先权"。苏区人民在共产党的领导下，摆脱了"精神上的桎梏"，与党共同创造了"新的工农的苏维埃文化"。二苏大报告指出，根据江西、福建、粤赣三省的统计，在2931个乡中，有列宁小学3052所、学生89710人，有补习夜学6462所、学生94517人，还有遍布各乡村的俱乐部、识字组。尤其是妇女表现出了极大的热情，她们不但自己受教育，而且已经主持教育事，"许多妇女是在作小学与夜学的校长，作教育委员会与识字委员会的委员了"。

毛泽东在《井冈山的斗争》一文中指出："一国之内，在四围白色政权的包围中间，产生一小块或若干小块的红色政权区域，在目前的世界上只有中国有这种事。"①在他看来，这样的工农武装割据之所以能够存在和发展，其重要原因之一就是"有很好的群众"。老区人民对共产党和红军革命斗争的大力支持，是革命根据地和红军力量不断发展壮大、土地革命斗争轰轰烈烈开展、党的局部执政顺利实施等的强大基础，也充分体现了老区人民的高尚品格。

---

①《井冈山的斗争》（1928年11月25日），载《毛泽东选集》第1卷，人民出版社，1991年，第57页。

# 第二节
# 抗日根据地军民团结一致消灭侵略者

在日本帝国主义加紧侵略、中华民族危机空前严重的关头，中国共产党高举武装抗日旗帜，实行正确的抗日民族统一战线政策，坚持全民族抗战路线，提出和实施持久战的战略总方针和一整套人民战争的战略战术，领导创建了晋察冀、晋西北和大青山、晋西南、山东等十余个敌后抗日根据地，领导八路军、新四军、东北抗日联军和其他人民抗日武装英勇作战，成为全民族抗战的中流砥柱。在中国共产党的领导下，各根据地的广大人民群众与共产党和军队铸成牢不可破的铜墙铁壁，团结一致打击敌人，直到取得中国人民抗日战争的最后胜利。

## 创建坚不可摧的敌后抗日根据地

1937年7月，全民族抗战爆发后，全体中国人民的民族主义思想进一步觉醒，社会各阶层都团结到抗日民族统一战线中来，开展各种抗日斗争。这一时期中国共产党虽然力量有限，但有正确抗战思想作为指导，成为抗日民族统一战线的实际领导者。老区人民在共产党的领导下，在创建、发展敌后抗日根据地及对日军斗争过程中发挥了重要作用。

全民族抗战初期，由于敌强我弱的实际情况，加之国际反法西斯统一战线尚未正式形成，虽然我国军队对日军的侵略进行了激烈抵抗，并且取得部分战役的胜利，沉重打击了日本侵略者，但总体上处于防御状态，东部沿海地区等大片国土迅速沦丧，国民政府西迁重庆。在国民政府军队节节败退之际，中国共产党充分利用时机，在群众运动基础较好的华北、华中、华南等地，创建敌后抗日根据地，老区群众积极参与根据地的建设，使敌后战场逐渐成为抗击日军的主要战场。

晋察冀抗日根据地是华北地区最早成立的根据地，由八路军一一五师等主力部队创建。因为距离北京、天津等日军占领的大城市很近，而且位于正太、平汉等重要铁路沿线，其地理位置十分重要。晋察冀老区群众在发展生产、救护伤员、站岗放哨、锄奸反特、维持社会治安的同时，还积极参军。1940年，冀中地区各级青年救国会发动6000多人参军。百团大战期间，晋察冀抗日根据地为参加正太铁路作战部队和马匹，准备粮食

150多万斤、谷草60多万斤，第四专区6个县捐献军鞋10万双。到1945年抗战胜利之际，晋察冀抗日根据地面积发展到30万平方公里，人口达4000万，主力部队32万余人，民兵90余万人。

华北地区另一重要根据地——山东抗日根据地，是由地方武装和八路军一部联合建立的，从1937年10月至1938年5月国民党军队撤出山东之前，山东省委及地方党组织在鲁西北、胶东、鲁东、鲁中等地发动民众起义，形成数十支抗日武装，成为抗击日军的主力，到1938年12月整编为八路军山东纵队时，规模已经达到10个支队2万多人。由于有良好的革命基础，干群关系较好，山东抗日根据地每年都有大量青年参军入伍，如1944年、1945年分别有1万多、4万多青年参军。为支援抗日斗争，山东妇救会组织妇女缝衣裳、做鞋袜，使部队衣物有保障。山东民歌“飞针走线十指忙，缝好棉衣送前方，前方的将士喜洋洋，穿上棉衣好去打东洋”真实地反映了这一场景。抗战胜利之际，山东抗日根据地面积发展到约12.5万平方公里，人口约2400万。

华北地区晋冀鲁豫、晋绥等抗日根据地，是中国共产党领导和团结地方抗日武装，在广大老区群众积极参与下逐步发展起来的。其中，晋冀鲁豫抗日根据地从1937年10月开始创建，到1941年7月晋冀鲁豫临时参议会召开，历时近4年，成立时面积约12万平方公里、人口1800万。1939年成立的晋绥抗日根据地包括晋西北抗日根据地和大青山抗日游击根据地，面积20多万平方公里、人口600余万。

华中抗日根据地包括苏北、苏中、苏南、淮北、淮南、浙东、皖中、鄂豫皖等。这些地区很大一部分是土地革命时期的苏区，红军主力撤退后，共产党领导的游击队曾在这些地区坚持斗争，有着深厚的群众基础。新四军成立后，在这些地区开展抗日斗争并建立多块抗日根据地。“好铁要打钉，好男要当兵。吃菜要吃白菜心，当兵要当新四军。”这首在华中地区流行的民歌反映出老区群众与新四军之间的鱼水深情。

1939年5月，新四军江北指挥部在安徽庐江县成立时，严氏家族把10余亩祠堂给指挥部使用，群众像迎接久别重逢的亲人一样欢迎新四军，给部队送来粮食、蔬菜等物资。1940年10月，在黄桥战役期间，江苏泰州黄桥镇群众冒着枪林弹雨为新四军送来特产烧饼，帮助新四军取得战斗的胜利，谱写了一段军爱民、民拥军的佳话，“黄桥烧饼”也因此名满天下。广为流传的江苏常熟沙家浜军民团结、共同消灭敌人的故事，就是当时老区人民与新四军亲密无间的真实写照。

▼沙家浜革命历史纪念馆前的雕像

1938年7月，新四军第一、第二支队进驻江苏茅山地区时受到人民热烈欢迎，此后，当地群众踊跃参加镇江、句容、金坛、丹阳四县抗敌总会，以及农抗会、妇抗会、青抗会等各种抗日群众团体，其中农抗会有60多个，成员有5万多人。组织起来的群众积极筹集粮秣、慰劳部队、救护伤病员、锄奸防匪、传递情报、支前参军，有力地支援了新四军在苏南抗日根据地的斗争。在淮北抗日根据地战斗的新四军第四师，前身是一支仅有370多人的游击队，在老区人民的支持下，到抗战胜利时，第四师和地方部队发展到3.2万余人，民兵发展到5.9万余人。淮北抗日根据地面积扩大到4万平方公里，人口发展到600余万。抗战胜利时，活动在华中地区的新四军主力和地方武装达到30余万人，民兵、人民自卫武装近100万人，为打败日军作出重要贡献。

华南抗日根据地主要包括东江抗日根据地和琼崖抗日根据地。1938年10月，日军占领广州后，中国共产党在东江下游、广州至九龙铁路两侧开展游击战，后成立东江纵队，在此基础上建立东江抗日根据地。1939年3月，日军入侵海南岛，当地游击队坚持抗战，开辟琼崖抗日根据地。在群众支持下，华南抗日根据地由小到大，到1945年抗战胜利之际，华南抗日根据地和游击区发展到面积4万平方公里，军队2.7万人，民兵5万人，人口约600万。

老区群众积极参加自卫军及民兵队伍，支援并直接参与对敌斗争。自卫军是根据地不脱离生产任务的地方性群众武装团体，18岁到45岁的成年男女均可参加。自卫军成员平时利用农闲操练，战时担任后方勤务工作，协助主力部队作战。1942年5月，太行军区部队在山西辽县（今左权县）苏亭与日军战斗期间，民兵负责放哨、埋地雷、推滚石、警戒等任务，与主力部队共同消灭敌军百余人。自卫军在维持根据地秩序、保卫人民生命财产安全方面发挥着重要作用。1943年，国民党顽固派掀起第三次反共高潮，陕甘宁边区各县普遍组织和整训自卫军，建立游击队和民兵小组，组织担架队和运输队。延安杨家湾成立妇女自卫军，部分工厂也成立自卫军救护队。边区退伍军人主动参加整训自卫军。关中分区广大民众也行动起来，夜间巡逻，白天生产。边区主力部队和群众武装组织一起做好反击进犯者的军事准备。1945年，陕甘宁边区基干自卫军发展到3万多人，普通自卫军15万人。在苏北抗日根据地，1944年底，淮海区民兵约8.68万人，盐阜区民兵约8.98万人，自卫军和民兵建设为支援八路军、新四军等主力部队对日军作战、开展反攻创造了条件。

老区群众积极支前、参军、交公粮、出民工、安置伤病员等实际行动，解决了共产党和人民军队的许多困难，安定了军心，振奋了士气。敌后抗日根据地成为共产党和人民军队的可靠后方，有了这个后方，就有了生存的条件、休整的环境、士兵补充的来源、安置伤病员的处所和支持长期战争的保障，才能使人民军队由小到大、由弱变强。

冀中地区群众为了保护夜间活动的八路军不被敌人发现，主动打死自家的狗，自此这里“行军百里无狗叫”。在山西，新编第十旅第三十团政委马定夫在1943年7月的一场战斗中不幸牺牲后，其家乡榆社县群众纷纷请求加入部队，并迅速组织起120多人的“马定夫复仇连”（后改名为“马定夫爱民模范连”）。陕甘宁边区陇东县的孙万福，把边区劳动英雄大会奖励给他的奖金用来购买纺车，供全村妇女使用，还到各机关和部队宣传改革农业技术，提高了广大群众的生产积极性。

## 自己动手，丰衣足食

经济建设是巩固和发展敌后抗日根据地的重要基础。共产党领导的敌后抗日根据地大多位于山区等贫瘠的地区，交通不便。相对于沿海地区和国统区而言，经济、社会、文化水平等都比较落后，生产力和人民生活水平不高。老区群众在坚持抗战的同时，积极参与以经济建设为基础的根据地的各项建设，改变了根据地的落后面貌，为战胜日本侵略者奠定了坚实的基础。

抗日战争期间，各根据地实行减租减息政策，以保持抗日民族统一战线各阶级之间的团结。以陕甘宁边区为例，减租减息的政策调动了广大群众的生产积极性，边区的耕地面积由1937年的862万亩增加到1940年的1174万亩，增长了36%。灌溉面积由1937年的801亩扩大至1939年的7293亩，增长了8倍多。由于耕地面积扩大、水利事业发展、粮食产量剧增，1936年边区粮食产量只有103万石（每石300斤），1939年则剧增到175万石，比1936年增长近70%。1939年，陕甘宁边区共涌现出农业劳动模范1810人。1940年1月，在边区第二届工农业展览会上，3000多名劳动英雄受到表彰。同时，陕甘宁边区水果、林木、药材等农林业产品也获得较大发展；工业方面，边区的石油、纺织、造纸、制革等工业门类也有了较快发展。

1940年之后，由于国民党消极抗日，日军开始把主要兵力用于“围剿”各抗日根据地，根据地遭到严重破坏，耕地被大量破坏，粮食和牲畜被肆意掠夺，造成严重饥荒。1942年，根据地人口由约1亿减少到近5000万。广大老区人民发扬自强不息的民族精神，在共产党的领导下，坚持抗日斗争，积极参加大生产运动、“拥军优属、拥政爱民”运动，与人民军队形成“军民团结如一人，试看天下谁能敌”的局面，根据地逐步度过艰难时期。

1942年12月，毛泽东在陕甘宁边区高级干部会议上作《经济问题与财政问题》的报告，指出：发展经济，保障供给，是我们经济工作和财政工作的总方针。在这一方针指导下，陕甘宁边区和各敌后抗日根据地迅速开展生产运动，陕甘宁边区粮食产量从1941年的45万余石增长到1943年的181万余石，棉花产量从1941年的100万斤（皮棉）增长到1943年的173万斤（净花），牛、羊等牲畜养殖量也大大增加。农业的发展促进了商业、工业的发展，边区城乡经济呈现出欣欣向荣的景象。与此同时，各行业涌现出张治国、胡青山、武生华等劳动模范。陕甘宁农具厂工人赵占魁，从山西来到边区，在工作中积极生产、钻研和改进技术，提高了生产效率，被称为“工人旗帜”并当选边区参议会议员。当时的陕甘宁边区，向劳动英雄学习蔚然成风，延安的申长林、安塞的杨朝臣、三边的贺保元、吴堡的郭秉仁等，都是贫雇农努力发展生产使生活得到极大改善的典型。与此同时，人民军队也积极参加生产建设，涌现出以三五九旅为代表的垦荒典型。游击区部队在保卫家乡的同时，也坚持生产，减轻了老区人民的赋税负担，增强了军民之间的团结。

大生产运动使根据地军队实现部分自给，密切了党政军民之间的关系，为党领导根据地工作积累了丰富的经验，其间形成了自力更生、艰苦奋斗的精神，为共产党领导根据地军民克服困难、坚持抗战奠定重要的物质基础和精神基础。在经济建设的同时，广大根据地群众在共产党的领导下，积极开展各项社会建设事业。在政治方面，各根据地先后制定《人权保障条例》《保障人权财权条例》等法规，增强了群众的人权、财权观念，有力地保障了老区群众参加政治活动的权利。为了维护抗日民族统一战线，根据地政府在工作人员分派上实行“三三制”原则，普遍采取民主集中制，有效调动了老区人民参与政治生活的热情。随着经济的发展，各根据地还开展了社会改良运动，在陕甘宁边区，中国共产党领导人民通过建立保育院、养老院等社会公益事业，革除了长期存在的吸食鸦片、赌博等社会陋习；通过开展卫生运动，宣传医学卫生常识，破除封建迷信思想、改造危害群众的巫神；禁止买卖婚姻；等等。这些措施有效地改变了边区的社会面貌。在晋察冀边区，广大群众积极参加社会教育，提高自身的文化水平，并通过改善公共卫生，预防疾病流行；保护妇女社会权益，提倡婚姻自主；制定社会保险政策、拥军优属等措施。根据地的社会精神面貌由此焕然一新。与此同时，根据地文化事业也获得重要发展。1942年5月，毛泽东在延安文艺座谈会上发表讲话，全面阐述文艺为人民大众服务的根本方向问题之后，根据地文化事业获得大发展，老区人民的精神生活更加丰富多彩。

总之，在共产党的领导及广大群众的努力下，根据地的社会面貌与1937年之前相比发生了翻天覆地的变化，以延安为中心的根据地成为抗战的指挥中心、广大革命群众心目中的革命圣地。

## 兵民是胜利之本

全民族抗战初期，日本帝国主义有着明显优势，尤其是在工业、军事装备等方面。对此，毛泽东在《论持久战》一文中科学地分析了中日两国的国情和国际局势等客观条件之后，深刻地指出："动员了全国的老百姓，就造成了陷敌于灭顶之灾的汪洋大海，造成了弥补武器等等缺陷的补救条件，造成了克服一切战争困难的前提。要胜利，就要坚持抗战，坚持统一战线，坚持持久战。然而一切这些，离不开动员老百姓。"而面对国民党部队在对日作战中节节失利的情况，1938年5月，毛泽东在《抗日游击战争的战略问题》中指出，大规模地开展游击战，可以广泛地发动群众和武装群众，建立和扩大抗日民主政权，发展和壮大正规军，使我军由游击战发展到正规战，担负起将来战略反攻的伟大任务。这一指导思想为八路军、新四军等人民军队开展对敌斗争指明了正确的方向。

抗日根据地人民在共产党的领导和组织下，纷纷加入志愿队，参加对日本侵略者战斗的后勤工作，有的还直接投入战斗。

此外，根据地人民还踊跃捐献粮款，为八路军和新四军传送情报，敌占区人民也主动报告情况与捐赠药品等，不仅在物质方面解决了很多实际困难，而且在精神上给予人民军队极大的鼓舞。在反“扫荡”过程中，根据地人民在各地党组织的领导下，实行空舍清野，为八路军和新四军带路送信、报告敌情、运送伤员。日伪军耳目不灵，到处被动挨打，八路军和新四军则耳聪目明，行动自如，所以能适时集中兵力，击破敌人，取得反“扫荡”的胜利。

中华民族是由56个民族构成的民族共同体，广大少数民族同胞也深受日本帝国主义的侵害，有着强烈的抗日热情，而且敌后抗日根据地有数量众多的各民族同胞。中国共产党十分注重开展少数民族群众的解放事业，在1937年8月洛川会议公布的《中国共产党抗日救国十大纲领》中指出：“动员蒙民回民及其他一切少数民族，在民族自决民族自治的原则下，共同抗日。”在东北地区，共产党领导的抗日联军在当地朝鲜族、满族、鄂伦春族、达斡尔族、赫哲族、鄂温克族、锡伯族等少数民族群众的支持下，牵制了侵华日军的大量兵力。大青山抗日根据地，有众多蒙古族同胞参与支持。在陕甘宁边区，回族、蒙古族群众都成立了抗日团体和武装。1937年底，蒙古族牧民积极参加共产党领导的蒙汉支队，其中的骑兵支队很快就扩充了一个连的兵力。1940年2月，延安回民救国协会成立，并发表《告全边区回民同胞书》，号召回族同胞积极参加抗战救国，争取解放。1940年12月，新正县有200多名回族青年报名参加新组建的回民支队。在河北，马本斋于1937年组织成立回民抗日义勇队时，队伍仅有300人，后改编为八路军第三纵队回民支队，队伍逐渐发展到2000多人。1937年至1944年，马本斋率领回民支队对日伪军作战800余次，歼灭日伪军3万多人。在琼崖抗日根据地，黎族、苗族等少数民族群众积极参与抗日游击队，为抗日根据地的巩固和发展作出重要贡献。

“冀中区村庄稠密，人口众多，抗日情绪极其高涨，我军在人民群众的汪洋大海中如鱼得水，行动自由。当战斗一打响，战地群众，包括远居百里左右的群众，皆自动前来支援我军，送茶送饭、抢救伤员、抢抬担架等动人事迹不胜枚举，这就更加鼓舞了我军英勇杀敌的战斗意志。”[①] 1939年11月，晋察冀军区在对日军的雁宿崖战斗中歼敌600余人，战役结束后，因坚壁清野而藏到山沟里的老区群众都主动出来参加后勤工作，仅仅一个晚上就把八路军伤员和战利品运送至后方。

1939年1月，日军对中共鲁南特委驻地发动进攻，在途经东流村期间，受到当地村民的顽强抵抗，70多名日军被击毙。在山东微山湖游击战中，10余位游击队员潜入微山岛，白天与老百姓一起劳动，夜间偷袭敌人据点、夺取枪支弹药、烧毁营房，使日军昼夜难安。在山东枣庄，由失业工人等组成的铁道游击队，在铁道线上神出鬼没，袭击日伪军，夺取日军的军用物资，破坏敌人控制的交通设施。同时，铁道游击队还担负着一项重要任务——护送共产党的高级干部通过日军封锁线，刘少奇、罗荣桓、陈毅、萧华、陈光等军政干部都曾在他们的掩

① 军事科学院游击战研究组选编《光辉的游击战》，军事科学出版社，1985，第106页。

护下，来往于延安和各根据地之间。1942年7月，刘少奇要经过山东抗日根据地回延安，为此，负责护送任务的铁道游击队专门制定了详细方案，包括具体路线、护送人员、保护措施，以及发生意外时的应对事项等。刘少奇与游击队员等10余人经过津浦铁路，到达微山湖，由于日军正在“扫荡”，为保证安全，游击队找来3条船，在湖中隐蔽数日后转移到湖西地区。8月中旬，刘少奇安全到达冀鲁豫边区，后顺利返回延安。

1940年百团大战期间，老区民兵、群众积极响应“不留一根铁轨，不留一根枕木，不留一座桥梁”的口号，协助八路军对敌占区的铁路、公路与车站、水塔、路基等开展大规模破击，拆毁铁轨，或者将其运回根据地，来不及运输的，暂时埋掉，有力地配合了正规部队的战斗。

在反“扫荡”期间，日伪军两次包围河北省安平县羽林村，妄图通过毒打威逼群众，迫使他们指认出抗日干部，结果没有一个村民出来指认。敌人恼羞成怒，拉出一个12岁的小孩严酷拷打，小孩被打得死去活来，但是始终未吐露一字。敌人无奈地说：没法子，老百姓都是八路军的。最后，敌人垂头丧气地撤回去了。

河北省清苑县冉庄民兵利用地道战打击消灭敌人，创造了不少光辉的战绩，成为著名的战斗村。1942年反“扫荡”期间，为了能够持久抗战，冉庄的男女老少齐动员，把原来的隐蔽地洞改造成户户相通、能攻能守的地道网，为打击敌人创造了良好的条件。

山西省沁源县民兵和广大群众运用“围困战”的方法，与日伪军展开英勇的斗争，获得“抗日模范县”的光荣称号。为了围困敌人，中共沁源县委领导人民群众实行坚壁清野，把据点内及其附近的人员、牲畜、粮食等全部转移到山区，并在水井里倒上马粪，使日伪军占领的村庄实际上成为一个萧条的“无人区”。日伪军在民兵和老区群众的围困和打击下，时常处于饥不得食、食不得饱的困境。在两年多的反围困斗争中，沁源地方武装和民兵在太岳军区主力一部的配合下，先后作战2700多次，歼灭日伪军4000多人。民兵和群众中涌现出100多名杀敌英雄和200多名爆破能手。

1943年10月，在山西省洪洞县韩略村伏击战中，由于老区人民的支持和掩护，埋伏在交通要道和据点群里的太岳军区二分区第十六团1000多名士兵，在两天埋伏时间内一直未被日军发现，最终取得对日作战的胜利，充分显示出人民军队和老区人民团结一致、共同战胜敌人的伟大力量。在此次战役中，一位教员带领20多位战士走错了路，这时日伪军已经逼近，为了不暴露自己，他们到一个秘密的地洞隐蔽。一位老大娘用东西挡好洞口，并负责放哨。在老大娘的掩护下，这些战士都顺利地转移了出来。

河北省曲阳县尖地角村虽然只有17户人家，但是他们利用当地山丘密林的有利地形和人熟地熟的优势，机智灵活地开展“麻雀战”。在1943年的反“扫荡”中，作战20余次，毙伤日伪军200余人，缴获步枪3支、电话3部、牲畜40多头及其他战利品若干，并且涌现出以李殿冰为代表的战斗英雄。

全民族抗战期间，军民团结一致对敌斗争的例子不胜枚举。

在老区人民无私的支持和积极参与下，抗战局面开始向有利于中国人民的方向发展。从1944年开始，八路军、新四军等人民武装开始向侵华日军发起反攻，各敌后抗日根据地逐渐连成一片，为最终消灭侵华日军奠定了基础。到1945年8月日本无条件投降之际，共产党领导的抗日根据地发展到19块，面积达到近100万平方公里，人口约1亿，占全国人口的五分之一。此时，中国共产党、人民军队以及各抗日根据地已经成为中国政治格局中的重要力量。经过艰苦抗战的锤炼，人民军队和老区人民同呼吸、共命运，铸就了人民战争的铜墙铁壁，其间积累的政治斗争、军事斗争、经济建设等经验以及丰富的生产基础，是人民军队在解放战争期间迅速战胜国民党反动派，取得新民主主义革命胜利的重要原因。

# 第三节
# 解放区人民与解放军一起“打天下”

1946年6月，国民党当局破坏“双十协定”和停战协定，对解放区发动全面进攻，全国解放战争正式开始。在敌强我弱的情况下，解放军依靠人民取得战略防御作战的重大胜利。1947年3月，解放军开始打破国民党军的重点进攻。同年7月，解放军转入战略进攻。在解放区人民的广泛支持下，从1948年秋开始，解放战争进入战略决战阶段，辽沈战役、淮海战役、平津战役三大战役和渡江战役相继取得胜利，国民党的反动统治被推翻。解放区人民始终是共产党和人民解放军一往无前的依靠，解放区人民与共产党、人民解放军团结一致，是新民主主义革命最终取得胜利的基石。

## 与解放军一起“保卫党中央，保卫毛主席”

为挫败国民党以打促谈、逼迫共产党让步的阴谋，在重庆谈判期间，中共中央提出了“向北发展，向南防御”的战备方针。中国共产党坚持抗战的态度得到了老区人民群众无条件的信任。他们十分支持共产党“向北发展，向南防御”的方针，一起抵抗国民党反动派，积极开拓东北解放区。他们踊跃参军，到1945年10月，东北地方武装发展到4万余人；到1945年12月底，东北地区的人民军队扩大到20余万人。在共产党的领导下，人民军队带领东北人民奋勇杀敌，捍卫家园，这为中国共产党开拓东北解放区奠定了坚实的群众基础。在解放军抗击国民党反动派的作战中，东北人民表现英勇。1946年4月上旬，在四平保卫战中，四平地区人民逐渐打破了对国民党的幻想，支持共产党的斗争。他们积极帮助守军修筑工事、抬伤员、送水送饭，加紧生产，支持前线。[①]四平保卫战的胜利打击了国民党军的嚣张气焰，配合了中国共产党与国民党的谈判斗争。

1946年6月，国民党军队在完成内战准备后，对解放区发动全面进攻。在这场战争中，解放区人民坚定地站在中国共产党和人民解放军一边，积极配合和支援人民解放军对敌军进行坚决反击。他们十分爱戴和拥护解放军，真心赞誉解放军“仁义之师”“秋毫无犯”。解放区人民对中国共产党和人民解放军的无比忠诚、无比热爱，是党和人民军队最终打赢解放战争的

---

①《中国人民解放军第四野战军战史》编委会编《中国人民解放军第四野战军战史》，解放军出版社，1998，第96页。

最深厚的力量之源。对此，毛泽东十分有底气地向全党宣告："蒋介石虽有美国援助，但是人心不顺，士气不高，经济困难。我们虽无外国援助，但是人心归向，士气高涨，经济亦有办法。因此，我们是能够战胜蒋介石的。"①

1946年6月26日，国民党军开始进攻中原解放区，解放战争全面打响。中原解放区人民积极配合中原解放军歼敌，到10月初，共歼灭国民党军8万人，顺利完成党中央指示的"立即突围，愈快愈好，不要有任何顾虑，生存第一，胜利第一"的战略任务，并保存了主力，新建立鄂豫陕、鄂西北两块根据地。在华东解放区，1946年12月至1947年2月，人民群众配合解放军接连取得鲁南战役、莱芜战役的胜利。在莱芜战役中，鲁中人民组织了几十万支前大军。为了支援华东野战军北上，鲁中支前大军让出大道，在崎岖的山间小路风餐露宿，跋山涉水，用肩挑、骡马驮或小车推，把大量的战略物资运送到北线战场。鲁中地区由革命群众组建的地方民兵还广泛开展游击战，日夜袭扰敌人，破袭交通线，迫使敌军不得不增加兵力来维护交通。山东人民提出"破家支前"的口号。在寒冬腊月里，他们拆家中草房供给部队草料。晋绥、晋察冀等解放区人民在贺龙、李井泉指挥的晋绥部队和聂荣臻指挥的晋察冀部队等领导下，奋勇杀敌，踊跃支前，有效地消灭敌军并取得辉煌战绩。其他解放区的人民同样在共产党的领导下奋勇斗争。据不完全统计，在1946年7月至10月的4个月中，在人民的大力支持下，人民

① 《以自卫战争粉碎蒋介石的进攻》（1946年7月20日），载《毛泽东选集》第4卷，人民出版社，1991，第1187页。

解放军共歼灭国民党正规军32个旅，连同非正规军在内，共约30万人。[①]这一系列胜利，充分证明了毛泽东的论断："决定战争胜败的是人民，而不是一两件新式武器。"[②]

1947年3月，因进攻兵力不足，蒋介石采用"双矛攻势"，改为重点进攻陕北、山东解放区。陕北、山东解放区人民的革命觉悟很高，对共产党和解放军有着深厚的感情，并把这种融入血液的生死相依情感化为支持解放军作战的直接动力。

陕北是共产党和人民军队扎根多年的老根据地，尤其延安，是这一时期中国革命的中心，人民群众与共产党人早已融为一体。面对国民党军进攻延安，在"保卫党中央，保卫毛主席"口号的鼓舞下，延安人民与解放军一条心，拧成一股绳，团结一致共同反抗敌人的入侵。1947年3月18日，在延安人民的掩护下，中共中央机关和延安各机关、学校安全转移疏散完毕，延安保卫战取得胜利。3月19日，西北人民解放军主动撤离延安，国民党军随之占领延安。但老区人民并没有停止战斗，而是凭借对地理条件的熟悉，与敌人周旋。他们暗中配合解放军作战，使敌军陷入越来越被动的状态。在老区人民的积极配合下，解放军在撤离延安一个半月内，在敌强我弱的情况下，以伤亡2200余人的代价连续取得青化砭、羊马河、蟠龙镇三战三捷，歼敌1.4万余人。到1947年5月初，陕甘宁边区人民与人民

---

① 中共中央党史研究室:《中国共产党历史》第一卷（1921—1949）下册，中共党史出版社，2011，第716—718页。

② 《和美国记者安娜·路易斯·斯特朗的谈话》（1946年8月6日），载《毛泽东选集》第4卷，人民出版社，1991，第1195页。

▲延安革命纪念馆内景

解放军共同努力，基本稳定了战局，粉碎了国民党的战略意图，极大地鼓舞了广大军民的胜利信心。①

山东解放区也是国民党军进攻的重点区域。国民党军共派出兵力约45万人，但遭遇解放区人民与解放军的一致抵抗。山东解放区人民积极支前，配合解放军相继取得泰安战役、孟良崮战役等战役的胜利，极大打击了敌人的气焰。在著名的孟良崮战役中，解放区人民的无私支持给了解放军最大的底气。当时，支前民工人数与部队人数之比达到了3.7∶1。当敌军进犯时，鲁中地区人民实行彻底的空舍清野，使敌人无法取得粮食

① 第一野战军战史编审委员会编《中国人民解放军第一野战军战史》，解放军出版社，1995，第63页。

和情报。而当解放军出击时，他们纷纷返回家乡，做饭烧水，支援作战，并且有7万多名民工随军行动，15万名民工负责运送伤员、物资等。鲁南的广大民兵同样大力配合解放军作战，为战役的最终胜利提供了很大帮助。

在其他解放区，人民群众也与解放军一条心，对国民党军实行反击。从1946年7月到1947年6月，解放区人民配合解放军共歼灭国民党正规军78万人，连同非正规军，共歼敌112万人。国民党军被大量歼灭，敌我战局逐渐被反转。

## “一手拿枪，一手拿算盘”参与土地改革

土地改革是解放区人民在党的领导下参与最广泛的一项革命运动。这项运动的核心是满足农民对土地的迫切要求，激发解放区人民的生产和革命积极性。自苏区时期起，中国共产党始终牢记广大农民对土地的渴望，致力于解决这一根本问题。时空转换到解放区，这仍然是我们党要重点解决的问题。

1946年5月4日，中共中央发布《关于土地问题的指示》(五四指示)，决定将自抗战以来实行的减租减息政策改为“耕者有其田”的政策。各中央局和中央分局、解放区各级政府调派大批干部组成工作队，指导和帮助解放区土改。在党的领导下，解放区广大农民从地主手中获得了土地。

在党的积极动员之下，各解放区人民积极参与土改。“一手拿枪，一手拿算盘”“白天打仗，夜晚分田”是当时土改运动的生动写照，由此解放区呈现出“前方打仗，后方分田”的热闹革命景象。解放区广大群众通过没收恶霸地主、土匪窝主的土

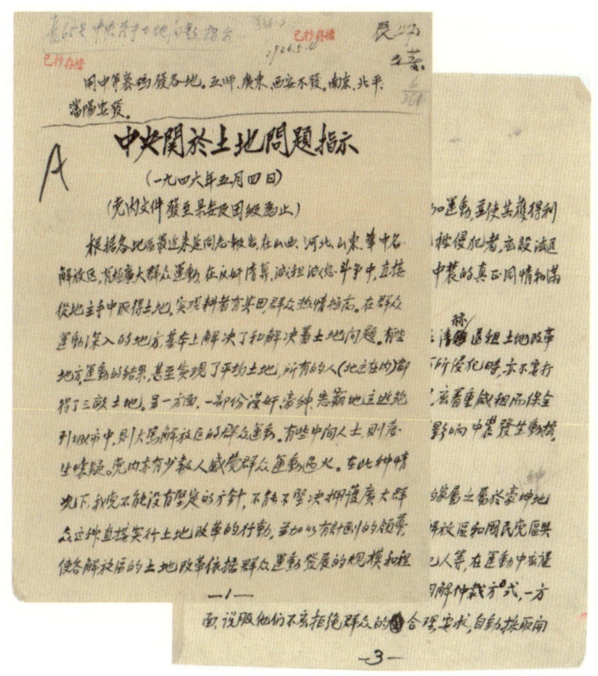

関中第壹號發各地。五師、廣東、西安不發。南京、北平、瀋陽密發。

中央關於土地問題指示

（一九四六年五月四日）

（党内文件發至县委及团级为止）

根据各地区最近来延同志报告，在山西、河北、山东、华中各解放区，有极广大群众運動，在反奸清算、减租减息斗争中，直接从地主手中取得土地，实现耕者有其田，群众热情极高。在群众運動深入的地方，基本上解决了和解决着土地问题。有些地方運動的结果，甚至实现了平均土地，所有的人（地主在内）都得了三亩土地。另一方面，一部份汉奸、豪绅、恶霸地主逃跑到城市中，则大骂解放区的群众運動。有些中间人士则发生怀疑。党内亦有少数人感觉群众運動过火。在此种情况下，我党不能没有坚定的方针，不能不坚决拥护广大群众这种直接实行土地改革的行動，并加以有计划的领导，使各解放区的土地改革依据群众運動发展的规模和程

—1—

▲《中央关于土地问题指示》

地或清算地主土地等方式，进行土地分配，从而获取自己的土地。以陕甘宁解放区为例，主要采取征购转移地主部分土地的方式进行分配。通过这一办法，大部分土地被无偿退赔给农民，另外一部分土地则以公债的方式转移到农民手中。

周立波创作的小说《暴风骤雨》中就有生动反映这一时期东北解放区土地改革波澜壮阔的历史场景的内容：“工作队和农工会，黑天白日，川流不息地有人来看望。唠嗑会也都恢复了。斗争韩老六时，悄悄溜号的刘德山也从山边的小窝棚里，回到家来了……”贫苦农民在党的领导下积极冲破封建生产关系的束缚，得到了土地，迎来了千年巨变。

土改运动的成效十分显著。从全面内战爆发到1947年2月，各解放区约有三分之二的地区解决了土地问题，实现了“耕者有其田”（具体数据见表1）。

表1 五四指示发布后各解放区土改成效

| 解放区名称 | 土改成绩 |
| --- | --- |
| 晋冀鲁豫解放区 | 到1946年10月，有2000万农民获得土地 |
| 晋察冀解放区的冀中区 | 至1946年底，有7102个村庄完成土地改革，达到村庄总数的83% |
| 苏皖解放区 | 到1946年11月，有1500万农民获得土地 |
| 晋察冀解放区 | 到1947年初，全边区有近1000万亩土地回到农民手中 |
| 东北解放区 | 至1946年10月底，500万农民分得土地 |
| 陕甘宁解放区 | 未分配土地的地区再次进行土地整理 |
| 山东解放区 | 到1946年底，100余万农民得到土地300余万亩 |

随着人民解放军转入战略进攻的新形势出现，解放区人民对土地的诉求愈发强烈，他们希望更加普遍深入地开展土改。1947年9月13日，中国共产党全国土地会议通过《中国土地法大纲（草案）》，决定彻底平分土地，废除封建土地制度。

在这一土地法的指示精神指引下，各解放区的土改运动走向深入。各级党、政、军机关抽调大批人员组成工作组深入农村开展土改工作。1947年11月到12月，以土地改革为中心的群众运动在陕甘宁、晋绥、晋察冀、晋冀鲁豫、华东等老解放区，东北等半老解放区，以及鄂豫皖、豫皖苏、豫陕鄂、江汉、桐柏等新解放区广泛开展起来。在晋察冀、晋冀鲁豫、华东解放区，在原来土地改革成效较好的地区，人民群众根据抽补、调剂政策（“抽多补少、抽肥补瘦、抽近补远”），解决了贫农、雇农土地不足的问题。在陕甘宁、晋绥和东北解放区，采取了“打破旧圈子”“重新丈量”“彻底平分”等方法，按照人口重新平均分配土地。[①]在东北解放区，属于老解放区的人民群众积极参与土改，到1948年3月胜利结束土改；1948年11月之后，新解放区的700余万农民进行了土改运动，至1949年3月，土改基本结束。华中解放区的人民群众在党的领导下，向封建势力发起进攻，到1948年秋冬，华中老解放区有3100多个乡、1000万人口消灭了封建土地制度。其他解放区人民也积极行动起来。到全国解放时，约有1.6亿人口的地区完成了土改。

土地改革后，解放区的农业生产呈现出一片欣欣向荣的景象。减租减息、土改运动激发了广大农民的生产热情。在党的领导下，各解放区人民通过兴修水利、发放农业贷款、组织变工互助等方法，恢复和发展农业生产。在山东解放区，1946年粮食产量为62.5亿公斤；在晋冀鲁豫解放区，1946年棉花产量为1.25亿公斤。

解放区人民参军更为积极。他们为保卫土地改革的胜利果实，积极参军。翻身农民这样说：“穷人挨饿受冻，就是因为没有土地；有地没人保，还是不牢靠。”据统计，自抗战胜利到全面内战爆发前，山东各解放区就有5.3万翻身农民参军。苏中、苏北解放区也有3万青壮年参军。这一时期，华东各解放区的

① 中共中央党史研究室：《中国共产党历史》第一卷（1921—1949）下册，中共党史出版社，2011，第756页。

地方武装也获得了很大发展。由于人民的支持，山东解放区的民兵队伍发展到了71.1万余人，苏中解放区发展到了30余万人。[①]在1946年8月至10月的3个月时间内，各解放区有30万翻身农民参军，以保护土改果实、保卫家乡。

从1946年五四指示发布到解放战争结束，山东解放区先后有59万青年参军。日照解放区出现了“母送子”“妻送郎”“村干带头”“兄弟相争”参军的热烈场景。傅疃村的范大娘在支援前线、动员参军等方面起到了模范带头作用。早在抗日战争时期，她的大儿子范崇仕和二儿子范崇相（参军不久即壮烈牺牲）都相继参加了八路军。1946年7月，范崇仕也不幸被特务暗杀。但范大娘并未被接连失去两个儿子的悲痛击倒，反而毅然将三儿子范崇仁也送到部队，还嘱咐他要为哥哥报仇，不打垮国民党反动派不要回家。同时，她还动员本村的4名青年也参了军。因为范大娘的这些英雄事迹，她获得了“人民母亲”的光荣称号。

正是千千万万个“范大娘”一样的人民群众对共产党和解放军的无私支持，解放区成为共产党和人民军队真正巩固的、可靠的后方。

解放区人民的支前热情也空前高涨。他们以肩挑背扛、用小车推等手段运送军粮等物资，抬送、保护、医治伤病员，站岗、放哨，传递敌人信息，利用熟悉地方环境的有利条件袭击敌人。解放区人民在各方面都给予共产党和解放军最大的支持，

① 南京军区《第三野战军战史》编辑室编《中国人民解放军第三野战军战史》，解放军出版社，1996，第36页。

给敌军最大的打击。

在土改的推动下，老区人民的生产和革命热情前所未有地被激发出来。各地农民纷纷组织互助生产，提升工作效率。他们发扬“组织起来”的优良传统，开展劳动互助。在晋察冀解放区，广大群众创造性地建立了多种劳动互助形式。如有些地方实行全村大拨工，把全村青壮年、老人、妇女、儿童都组织起来。有些地方实行支前生产相互变工。1948年土改后，冀中18个县建立了3.5万个互助合作组，1949年高峰时互助合作组达到7.5万个。华中解放区农民的耕地面积大大增加，生产总量增长了两成以上；东北解放区的农民精耕细作，1947年每垧[①]地农业产量750公斤，1948年每垧地农业产量增至960公斤，1949年在遭遇旱灾的情况下，农业产量仍增至每垧1000多公斤。与此同时，解放区人民群众参军、支前的热情空前高涨，为解放区的战略反攻胜利提供了坚实保障。解放战争3年时间内，东北解放区共有160万人参军，晋冀鲁豫解放区参军农民累计达到148万人，华北解放区有近百万农民参军。从1946年7月到1948年9月，山东有580多万名民工支援前线，他们配合解放军在山东境内进行战斗，还随着部队转战至江苏、河南、安徽、浙江、广东等地。解放战争期间，人民群众对解放军的物资供应也因为土改更为积极。据不完全统计，山东人民将8.5亿斤粮食送到前线，还支援了大量的食用油和蔬菜。西北解放区的农民仅在1947年春至1948年底，平均每人支援前线20个

① 垧是中国北方使用的一种土地面积单位，东北多数地区1垧约合15亩。

工时以上。

解放区人民在党的领导下冲破羁绊获得了经济上的解放。从此，“耕者有其田”由梦想变成现实。在此基础上，他们迸发出难以估量的革命热情，成为中国共产党和人民解放军不断取得革命胜利的基石。

## 跟随解放军“打过长江去，解放全中国”

1947年7月，人民解放军转入战略反攻阶段。拉开战略进攻序幕的是刘邓大军挺进大别山的壮举。人民群众极为拥护解放军，抵抗国民党反动派的进攻，帮助刘邓大军完成“千里跃进大别山”的壮举。国民党军试图控制大别山群众，肆意逮捕群众，实行经济封锁。许多群众积极行动起来支援解放军，尤其在物质上给予无私支援，解决了10多万部队的粮食和战费供应问题。①群众参军也很积极，“每个村子军队住了一夜就有一二十个青年参军。群众帮助军队，供给粮食弹药，他们的斗争精神真是使人感动的”②。

1948年秋开始，敌我双方进入战略决战阶段。解放区人民坚定地站在共产党和解放军的身后，无私奉献，与共产党和解放军心心相印，为解放军提供支持和帮助。随着济南战役的胜利，辽沈、淮海、平津三大战役相继发动，并配合其他战役，

① 南京军区《第三野战军战史》编辑室编《中国人民解放军第三野战军战史》，解放军出版社，1996，第166—170页。

②《华东一年来自卫战争的初步总结》(1947年12月30日至1948年1月1日)，载《陈毅军事文选》，解放军出版社，1996，第440页。

推动中国革命向前发展，党领导人民最终取得新民主主义革命的伟大胜利。

辽沈战役从1948年9月12日正式打响。在辽沈战役的各个阶段，人民群众都给予大力支持。在东北局的号召和组织下，东北解放区人民群众成立了支前委员会，负责支前动员和组织指挥。当东北野战军主力南下北宁线作战时，成千上万随军民工扛着担架，赶着骡马大车，紧紧跟着部队前进。在通往前线的道路上，前面是浩浩荡荡的主力部队，后面是望不到尾的支前队伍。南下途中，沟帮子大桥遭到破坏，当地农会马上动员100多人连夜抢修，到凌晨就把大桥修好了。北镇到义县的老爷岭山路上，汽车不能通过，当地村民1000多人立即行动起来，开山搬石填坑铺路。部队经过之处，解放区群众纷纷送水送饭，主动为部队当向导。在被敌军切断了攻打锦州部队的后方补给线的危急时刻，几千名民工在东北野战军和党组织的领导下，用血汗开辟出一条350公里的公路，方便运送解放军的前线物资。在塔山阻击战中，当地人民把自家的门板、炕沿木、柜盖拆下来，送到阵地上，帮助军队构筑防御工事。锦西县新台门转运站的担架队员，连续8天每天往返40余公里，运送解放军伤员900多名。据不完全统计，辽沈战役中，东北各地和热河共动员民工183万人、担架13.7万副、大车12.9万余辆，抢修公路2185公里，架设桥梁383座，筹集运送粮食5500万公斤、豆油2000桶、食盐100万公斤，提供棉衣100万套、棉帽100万顶。由于人民群众的巨大物资和精神支援，“军队和人民奏鸣了一曲陷敌于人民战争汪洋大海的雄伟壮歌”[①]。

1948年11月6日打响的淮海战役是“决定性的大歼灭战”，到1949年1月战役结束，共歼灭敌人55.5万人，长江以北的华东、中原地区基本解放。这场胜利并不容易，解放区人民的贡献至大。淮海战役是一次持续的大兵团、大规模的决战，参战者包括中原解放区、华东解放区、华北解放区3个主要解放区的军队和人民群众。依靠解放区人民，将3个解放区的巨量物资从千里之外运送到淮海战场，这是革命战争史上罕见的。据不完全统计，支前的第一线、第二线民工有150余万人，运送粮食也4.3亿斤。例如，在中原解放区，人民踊跃参战支前。他们提出“决心忍受一切艰苦，克服一切困难，倾家荡产支援前线，争取战役全胜”的口号，仅豫皖苏人民就支援了粮食2.1亿斤、柴草5.3亿斤、担架12.5万副等。在战场附近的群众，甚至献出了家里仅有的口粮和种子给部队食用。让解放军感动的是，很多老百姓拆了家里的房子，把房子木料无私供给部队工

①《中国人民解放军第四野战军战史》编委会编《中国人民解放军第四野战军战史》，解放军出版社，1998，第349—352页。

▼淮海战役中的支前民工（雕塑）

事。而在后方的男女老少也行动起来，不分昼夜地磨面、碾米、制鞋、看护伤员，其间涌现出许多感人的支前故事。在当年淮海战役的重要战场——安徽濉溪县临涣镇，几十年来一直流传着这样一个感人的支前故事：一名支前民工在给前线运物资的途中发现自己的鞋子破了，为了不影响任务，他赤脚推着独轮车上前线，将物资最终送至阵地，而他的脚却被冻掉了4根脚趾头。战士们看着民工冻坏的双脚，心疼地将其放到自己的怀中捂热……许多担架队员在严寒中连续工作几天几夜，每天只吃一顿饭。更有民工脱下自己的棉衣给伤员御寒，甚至不惜牺牲生命抢救和掩护伤员。“人民的全力支援与后勤工作对取得这次大规模决战的完全胜利起了巨大作用，是人民支援前线的一个伟大壮举，是中国革命战争史中瑰丽的一章。”①

1948年11月29日，平津战役打响。至1949年1月，人民解放军解放天津、北平，战争胜利结束。平津战役“后勤物资准备充足，运输保障有力，伤员救治及时”，这主要是因为有解放区人民的大力支持。他们积极响应共产党和解放军“一切为了前线，一切为了胜利”的号召，组成浩浩荡荡的支前大军。据统计，战役期间，东北解放区组织了15万民工随军行动。从东北运送到关内的各种食品，包括猪肉、牛肉、羊肉、豆油、干菜等，共500余车皮。冀东地区人民为了支援东北野战军入关作战，筹集和运送粮食5000万公斤、食油40万公斤、食盐50万公斤和足够的马料，还派出了上万名民工、上千名铁路工

①《中国人民解放军第二野战军战史》编委会编《中国人民解放军第二野战军战史》第二卷，解放军出版社，1990，第258—259页。

人协助铁道纵队抢修铁路。冀中和北岳地区的人民喊出“部队打到哪里就支援到哪里，部队需要什么就供给什么”的口号，筹集了5500万公斤粮食和大量油盐菜供应部队，帮助修筑公路1500余公里，并架设桥梁。在历时两个多月的平津战役中，支前民工有154万余人，其中30余万人随军执行战场勤务，120余万人修路架桥、运输物资、维护交通；出动担架2万余副、小车2万辆、大车38万辆等。①

1949年4月，解放区人民再次配合解放军进行渡江作战。已经穷途末路的国民党军退无可退。解放区人民义无反顾地投入战争中，跟随解放军“将革命进行到底”“打过长江去，解放全中国”。②人民解放军要渡江，船只的需求量十分大。在党的动员下，沿江居民在半个月的时间里就搜集、打捞、修补船只共计1428条，2000余名船工配合解放军作战。安徽、湖北、河南人民为部队架桥、修路，在部队开进途中设立招待站，并组织民工团随着解放军渡江。在合肥、六安至安庆的途中，数十万民工日夜赶送军粮。在解放区人民“要粮有

▲渡江战役战场一角

①《中国人民解放军第四野战军战史》编委会编《中国人民解放军第四野战军战史》，解放军出版社，1998，第429—431页。

②《中国人民解放军第二野战军战史》编委会编《中国人民解放军第二野战军战史》第二卷，解放军出版社，1990，第268—276页。

粮，要人有人，要船有船”的伟大支援之下，渡江战役取得伟大胜利，人民解放军于4月23日攻占国民政府首都南京，国民党反动统治覆灭。

从苏区到解放区，人民群众义无反顾地跟着共产党干革命，最终迎来中国革命的伟大胜利。中国革命之所以能取得成功，其中一个重要原因是有广大老区人民的无私支持。徐向前元帅曾深情地说，解放军作战如果要论功行赏的话，那第一功就该归之于后方的供应，归功于人民群众的全力支持前线[1]。从苏区到解放区，无论革命环境怎样变化，始终不变的是老区人民对党忠诚、顾全大局、无私奉献等高尚品质。

---

①《在徐帅指挥下》编辑组编《在徐帅指挥下（资料选编）》，解放军出版社，1984，第4页。

# 老区何以不老

# 第二章

# 信仰与忠诚：“对党无限忠诚、无比热爱”

坚定理想信仰、对党无限忠诚是老区精神的灵魂，充分展现了老区人民对党的忠诚与热爱、矢志不渝的崇高信念和坚如磐石的坚定立场。2016年4月，习近平总书记在安徽金寨考察时强调：“无论是革命战争年代还是改革开放新时期，老区人民为党和国家作出了巨大贡献。老区人民对党无限忠诚、无比热爱。”习近平总书记的重要论述体现了“对党无限忠诚”这一老区精神最为核心的内涵。老区和老区人民坚定不移跟党走，为党的革命事业牺牲一切，根本在于思想上认同党的理论和奋斗目标，对党的初心使命矢志不渝，对党的信仰信念信心坚如磐石，从而在行动上毫无保留地始终与党同向同行，奉献一切乃至献出生命。广袤的神州大地上，革命老区如一处处殷红的坐标，见证着党和人民军队的发展壮大，见证着中国人民选择中国共产党、坚定不移跟党走的伟大历程。中国共产党正是始终坚持为了人民、依靠人民，才赢得了中国革命的伟大胜利。

# 第一节
# “在人民中间生根、开花”

毛泽东曾强调：“我们共产党人好比种子，人民好比土地。我们到了一个地方，就要同那里的人民结合起来，在人民中间生根、开花。”种子要生根、开花、结果，当然离不开土地的滋养。我们党离不开人民的拥护和支持，人民是党的力量之源和胜利之本。在风雨如磐的革命岁月，党领导人民打土豪、分田地，领导人民开展抗日战争、赶走日本侵略者，领导人民推翻国民党反动统治、建立新中国，都是为人民根本利益而斗争。党在革命斗争中，早已和中国人民形成了如鱼和水、种子和土地一般不可分割的亲密关系，所以能够领导团结广大人民群众，从一个胜利走向另一个胜利。

## 真心实意为群众谋利益

群众路线是毛泽东思想活的灵魂的基本方面之一。毛泽东十分注重以务实的作风去做群众工作，把群众工作的重点放在密切关注人民群众的切身利益上，把群众工作的基点放在切实解决群众的实际困难和问题上。1931年中华苏维埃共和国成立后，中国共产党开始了局部执政的具体实践。

毛泽东强调："真正的铜墙铁壁是什么？是群众，是千百万真心实意地拥护革命的群众。"他提出，要想得到群众拥护，就要"真心实意地为群众谋利益"，只有这么做了，"广大群众就必定拥护我们，把革命当作他们的生命，把革命当作他们无上光荣的旗帜"。[①]毛泽东要求把关系到群众切身利益的问题——从土地分配、劳动互助到柴米油盐，从妇女生孩子到学生读书，从修桥铺路到防病治病等，都提到议事日程上来。

苏区的党政干部和红军指战员，牢记党的执政宗旨，想群众所想，真心实意为群众谋利益，从关心群众的切身利益做起。瑞金沙洲坝"红井"就是中国共产党一心为民的历史见证。沙洲坝村属喀斯特地貌区，只有一条"旱河子"流经村庄，一年有半年几近干涸。正如当地民谣所唱："沙洲坝，沙洲坝，三天无雨地开坼，有女莫嫁沙洲坝……"红井修建之前，村民吃的是脏塘水，大家洗衣、洗菜甚至洗尿桶都在塘里，毛泽东看到

① 毛泽东：《关心群众生活，注意工作方法》（1934年1月27日），载《毛泽东选集》第1卷，人民出版社，1991，第138—139页。

这些情景心里很难受。于是他亲自去找水源，找了几天，终于找到合适的水源。为了使井水更干净，他还亲自下到井底铺沙石、垫木炭，井水打出来那一刻，全村都轰动了。后来，老百姓亲切地将这口井称为“红井”。这样的事例在苏区时期还有很多。朱德帮助农民插秧收稻、车水抗旱，周恩来、张闻天等人帮助红军家属挑水、砍柴，各级干部帮助红军家属和缺乏劳动力的贫苦农民铲草犁田、车水抗旱、施肥割禾。在残酷的战争环境中，苏区的一切工作都要服从于战争的需要。党必须随时关心工农群众的切身利益，依靠广大群众的力量，迅速解决实际问题，才能将广大群众团结在党的周围，完成战斗任务。正是由于党把工农群众的切身利益摆在了第一位，才能将广大群众凝聚在党的周围，取得一次又一次的胜利。

▼瑞金沙洲坝红井

中国共产党是无产阶级政党，代表着最广大人民的根本利益，党除了人民利益之外没有自己的特殊利益，党的一切工作都是为了实现好、维护好、发展好最广大人民的根本利益。心里始终装着人民，与人民同呼吸、共命运、心连心是中国共产党的根本立场。即便在极度艰苦的烽火岁月，中国共产党人仍然不忘把人民装在心里，照顾老百姓的冷暖安危。

1935年1月，中央红军长征到达黔北，红三军团一部根据指示在遵义城南一线布防，卫生员龙思泉所在的十三团二营也因此进驻遵义。到达遵义后，龙思泉不仅整天忙碌着为全营进行防病治病工作，还积极免费为当地的苦难群众看病治病。一天，在一位中年农民的请求下，龙思泉背上药箱，顶着刺骨的寒风，冒着细雨，行走20里山路去到农民家中，帮农民父亲治病。农民父亲感染伤寒。在那个缺医少药的年代，伤寒传染性极强极快，救治不及时足以要人性命。龙思泉没有丝毫畏惧，怀揣一颗仁慈之心耐心地给病人打了针、服了药，并一直留在农民家中，直到病人病情稳定。天亮时，龙思泉准备返回营地时，发现不大的晒谷场上挤满了前来找他看病的群众。为了百姓的健康，龙思泉继续留了下来。等他处理完所有病患，已是第三天清晨。龙思泉没有多做逗留，迅速返回营地。但当龙思泉赶回部队原驻扎地时才发现部队已经出发了，他朝着部队前进的方向奋力追赶，不幸在途中被敌人枪杀。闻讯而来的群众悲切不已，将龙思泉安葬在附近的小树林里。由于老百姓不知道这位红军卫生员的姓名，只好在碑上刻了“红军坟”三个字，并亲切称他为“红军菩萨”。红军无私奉献、舍命为百姓治病救

▲埋葬龙思泉烈士的红军坟

人的光辉形象就此深深地印在了当地群众的心里。

红军到达陕北后，在这里建立了“民主的政治，廉洁的政府”。当年驻延安的美军观察组成员说：“这里不存在铺张粉饰和礼节俗套，没有乞丐，也没有令人绝望的贫困现象，人们的衣着和生活都很俭朴，人民之间的关系是坦诚、直率和友好的。这里也没有贴身保镖、宪兵和重庆官僚阶层的夸夸其谈。”中国共产党正是以对人民群众的无私奉献才赢得广大人民群众的拥护和支持。

共产党心里装着人民、为人民谋利益的感人故事发生在各个老区的土地上，它们是党群关系的重要体现，是共产党人全心全意为人民服务根本宗旨的重要表现，是党和人民军队“一切为了群众，一切依靠群众，从群众中来，到群众中去”的群众路线的成功实践。党正是把实现好、维护好、发展好最广大人民群众的根本利益当作自己工作的出发点和落脚点，才得到人民群众的真心拥护，党与群众之间才能筑起坚不可摧的铜墙铁壁。

## 军民鱼水相依

毛泽东在《论持久战》中提出“兵民是胜利之本”，更在论及人民军队的宗旨时明确提出“全心全意地为中国人民服务，就是这个军队的唯一的宗旨"。人民军队和人民群众的关系，就如鱼与水的关系，"水里可以没有鱼，但鱼儿却永远离不开水"。"鱼"因"水"获得生命，"水"因"鱼"而充满生机。党领导人民军队在建立、发展、壮大过程中，在革命老区留下了许许多多感人肺腑的故事，流淌着"人民军队爱人民，人民拥护人民军队"的军民鱼水深情。

人民军队的纪律作风从"三大纪律""六项注意"再到"八项注意"，无不体现了人民军队关心群众利益，"不拿群众一针一线"的铁的纪律和作风要求。

瓜农：

你的黄瓜我们摘了解渴，现留下23枚铜板在瓜田里，请查收。

红军

这是当年红军战士转战赣南，路过瑞金武阳村时留在老乡瓜田里的纸条的内容。这张普通的留款条，真实地记载了萧克当年带头执行红军纪律、维护群众利益的故事。

1929年4月初，红四军在毛泽东、朱德等人的领导下，准备二次入闽作战。19日，部队途经瑞金，沿途的村民由于受到国民党、土豪劣绅的欺骗宣传，听说红军来了，赶紧扶老携幼，躲进深山老林。红军经过的地方，村民早已走得无影无踪，连喝口茶水的地方也找不到。当时，太阳火辣辣的，战士们既饥又渴。经过武阳村时，有战士看到了田里一畦畦成熟的黄瓜，就顺手摘来吃。萧克听说了这事，一脸严肃，厉声批评了大队长和士兵，并要求他们立即回头找瓜田主人道歉，并赔偿其损失，消除影响。几经寻找，都找不到黄瓜地的主人。萧克便要大队长统计战士们吃了多少根黄瓜，然后按当时的市价折算合计23个铜板，用红纸包好，写下了上面那张纸条，放到瓜田里，便匆匆赶路了。红军走后，群众回来了。瓜农看到自家地里的黄瓜被摘了，先是一愣，再看到字条和铜板，感动得热泪盈眶。从此，红军拥有铁的纪律在当地群众中传扬开来。

军民团结，鱼水情深，革命战争时期，一个个军爱民、民拥军的生动故事不断涌现。习近平总书记在纪念长征胜利80周年大会上讲过一个小故事，他说："在湖南汝城县沙洲村，3名女红军借宿徐解秀老人家中，临走时，把自己仅有的一床被子剪下一半给老人留下了。老人说，什么是共产党？共产党就是自己有一条被子，也要剪下半条给老百姓的人。"

这个故事发生在1934年11月上旬。1934年10月，中央红军主力开始长征。刚刚突破封锁线的红军来到了湖南省汝城县沙洲村。3位女红军敲开了一间破茅草屋的屋门。茅草屋的女主人叫徐解秀，虽然也是一贫如洗，但看到饥寒交迫的红军女战士，硬是倾其所有，为她们准备了一顿饭。吃完饭后，徐解秀便领着她们去休息。说是休息的床，但只有一张用楠竹扎成的床架，仅仅是在破席下面垫上厚厚的稻草，盖的是烂棉絮。第二天一早，为了表达感谢，3位女战士决定将自己唯一的一床棉被送给徐解秀，但是徐解秀说什么也不肯接受。于是一位红军女战士从背包里摸出一把剪刀，坚定地把一条被子剪成了两半，并拉着女主人的手哽咽着说：“大姐，这下你可别推了，这半条你就收下吧，等革命胜利了，我们还会回来看您的。”就这样，徐解秀颤抖着双手接过这半条被子。自此之后，她就一直在等待，等待着革命的胜利，等待着这3位红军女战士。老人最终没有等到这3位红军女战士，但红军心里始终装着百姓的光辉形象深深镌刻在了老人的心里。1991年，老人在临终前还反复跟家里人说：“一定要听党的话跟党走，因为共产党是只有一条被子也要分给你一半的好人。”

红军关爱百姓，百姓也拥护红军。红军被迫转移后，1934年11月17日傍晚，红一军团二师四团日夜兼程，赶到湖南道县县城对面的水南村准备渡河。但地方保安团拆除了浮桥，红军无法渡河。18日清晨，时年21岁的蔡如燕与其他5位村民一起，冒着生命危险跳入寒冷的河水中，帮红军将浮桥从西岸撑到东岸，使红军顺利过河。因为他们知道，红军是保护穷人的队伍，是人民的军队。对于当年道县群众帮助红军架桥这件事，时任四团团长的耿飚曾在回忆录中写道：“天将亮，浮水的已上了对岸的船，船夫忙手忙脚地拿了几套衣服给他们穿上。当时城门旁边的群众很快地跑到河边来帮助我们的工兵架桥和撑船，不上十分钟，架设好了一座四米宽可以通过四路纵队的大浮桥。”红军是人民的军队，来自人民，红军脱离了人民就无法生存。红军长征的胜利更是如此，没有兵源，没有粮食，没有必要的物质条件，难以取得战争胜利。

漫漫长征路上，老区人民给予红军巨大支援，作出了巨大牺牲。长征后期，在川西北荒无人烟的地区，红军的物资极度匮乏，特别是粮食。为保证几万人过雪山草地，首先要解决粮食问题。当时的阿坝辖域面积不足6万平方公里，人口仅20余万，人均年有粮不足600斤、有畜不到两头。从1935年4月至1936年8月的16个月间，红军三大主力约10万人先后过境和留驻这里。阿坝地区藏、羌、回、汉各族人民，共为红军筹集粮食两三千万斤、大小牲畜20万头、土盐5000余斤，还有大量干牛肉、猪膘、食油和蔬菜等。阿坝各族人民将自己十分有限的资源支援给了红军，与红军同吃草根、树皮，共同度过艰难岁月，为红军长征的胜利作出巨大贡献。

人民军队拥有坚定的革命信念、顽强的斗争精神和铁一般的革命纪律，人民群众从红军身上看到了希望的曙光，坚定拥护红军，支援红军，与人民军队同心同德，浴血奋战，直至赢得革命的胜利。习近平总书记强调："军政军民团结是我党我军特有的政治优势。""坚如磐石的军政军民关系是我们战胜一切艰难险阻、不断从胜利走向胜利的重要法宝。"

## 紧紧依靠人民群众

人民群众是推动人类社会历史发展的决定性力量，是历史的创造者和书写者，是真正的英雄。依靠群众是井冈山革命根据地创建和发展的重要法宝。井冈山斗争时期，中国共产党领导的工农革命军就把"做群众工作"作为三大任务之一，同时肩负着"宣传群众、组织群众、武装群众、帮助群众建立革命政权"的重大任务。党带领人民群众建立工农兵政府，打土豪、分田地，颁布井冈山《土地法》，井冈山民众也义无反顾地投入编草鞋、挖草药、熬硝盐、办被服厂和军械厂等革命斗争中。

1928年8月，湘、赣国民党军趁井冈山革命根据地兵力空虚，发起第二次"会剿"。8月30日，敌出动4个团的兵力进攻井冈山黄洋界。红军只有两个连，兵力和火力悬殊。在激烈的战斗中，群众组织支前队为前线送水送饭、看护伤员，运输队、担架队向哨口运送作战物资、向后方运送伤员，赤卫队、暴动队等群众武装则直接参与战斗、配合红军歼敌。大量人民群众直接或间接参战，极大弥补了红军守卫兵力的不足，铸就了保卫黄洋界的铜墙铁壁。曾参加黄洋界保卫战的刘型回忆说，敌人"进入我早已坚壁清野的宁冈，无粮、无柴、无菜，……找不到向导，派不出侦探，哨兵被摸掉，两眼漆黑，两耳又聋，陷入了我人民战争的汪洋大海之中"。红军带领群众与敌激战一天，最终成功击退敌军。黄洋界保卫战以少胜多、永新围困以不足1个团的兵力将11个团的敌军困在县城附近25天，这些都是在广大群众支援掩护下取得的。时至今日，井冈山地区仍传唱着《映山红》《十送红军》等歌颂军民和谐、党群交融的民歌。紧紧依靠人民群众，不仅让革命的火种得以保存，还逐渐燃遍整个山野。据统计，井冈山革命根据地建立两年零四个月，红军牺牲4.8万余人，平均每天倒下56人，仅有15744人留下姓名，被镌刻在陵园纪念堂的烈士英名墙上。

2016年2月，习近平总书记在江西考察调研时强调："井冈山形成了鱼水相依、血肉相连的党群关系、军民关系。正是有了群众这'真正的铜墙铁壁'，党和红军才多次创造了以少胜

▲井冈山

多、以弱胜强的奇迹。”中国共产党根基在人民、血脉在人民、力量在人民。失去了人民拥护和支持，党的事业和工作就无从谈起。

1934年10月，红军开始踏上战略转移的征途，一路征战，一路与沿途人民群众结成鱼水情谊，并因此一路攻坚克难、发展壮大，完成了人类历史上最为光荣和悲壮的远征。五世格达活佛的英雄事迹就是长征途中一个十分鲜活感人的故事。

1936年春，红军长征来到藏区，国民党反动派为阻挠红军北上，大肆造谣诬蔑共产党和红军，通告藏区群众不准给红军提供粮草，严禁帮助红军，企图置红军于绝境。红军到达甘孜后，尊重藏民的宗教信仰和风俗习惯，队伍所至，纪律严明，秋毫无犯。亲眼看见红军的作为，五世格达活佛判断这是一支能够为人民带来幸福的军队。他以自己特殊的身份，带动四川涉藏州县人民为红军筹备粮草、支援红军，不遗余力地向群众宣传共产党和红军的政策主张。仅白利寺就支援了3万多斤青稞、4000斤豌豆，可谓倾囊相助。红四方面军为白利寺发布布告，明确提出："查白利寺配合红军共同兴藏灭蒋，勋劳卓著，我军给予保护，任何部队不得侵犯，违者严办，切切此布。"在五世格达活佛的带动下，不少藏族同胞打消了疑虑，返回家园为红军做翻译、当向导，救护伤员等，为革命事业作出了重要贡献。五世格达活佛支持红军的行为得到了红军高层的关注，朱德曾亲自到白利寺看望这位开明的佛教界人士，经过数次亲切交谈，五世格达活佛进一步认识了红军和革命事业，坚定了自己相信共产党、永远支持革命的决心，也与红军结下了深厚的友谊。从此，五世格达活佛更加积极地投身到支援红军的行动中。1936年7月，红军北上后，国民党反动派和反动土司卷土重来，草原乌云遮天，五世格达活佛冒着极大的风险进行斗争，并对与反动派关系密切的首领进行说理、劝阻，力图制止屠杀。在他和群众的照料下，留在康北高原的3000余名红军伤病员，绝大多数都被安全转移。中国共产党与广大藏区同胞，尤其是五世格达活佛的互助团结，是长征中党领导的红军与人民群众结成深情厚谊、得到沿途各族群众支持和拥护的生动写照。

1936年初，红军渡过黄河，取道山西，奔赴抗日前线，曾在吕梁山区的石像村驻扎数日。当地抗日党员干部彭之久带领红军发传单、写标语，向群众宣传抗日救国的道理，动员村民参军抗战，并发动群众斗争恶霸、开仓济贫，激发了村民的爱国热情。

1937年七七事变后，中共孝义县委和八路军一一五师补充团曾驻扎在石像村，小小石像村掀起了空前的抗日高潮。当时，全村大会更是喊出了“出人出力出钱出物石像人与抗日共存，打寇打鬼打奸打特石像村与国土共在”的气壮山河的口号。石像村村民不愿当亡国奴，积极配合前线搞好支前工作。有人把盖房子用的木料都拿出来，做了救护伤员的担架。1938年到1942年间，石像村共为前方捐粮3600担、土布2000余尺、银圆1800块、白银2500两，还有15匹驮骡、20多头毛驴、3辆铁轮车，是孝义地区贡献最大的村庄。从1937年底到1938年春，短短两个多月时间，石像村一个仅有百户人家的小小村庄就有108人参加抗日活动，投身八路军部队，有23位村民在战斗中牺牲。为了表彰石像村村民对抗日战争的贡献，1938年，石像村被孝义县抗日民主政府授予“抗日模范村”荣誉称号。

“唤起工农千百万，同心干”，为中国共产党依靠人民赢得革命胜利凝聚了强大力量。解放战争时期，中国共产党紧紧依靠人民群众，获得了排山倒海的力量，最终结束了国民党的反动统治，建立了崭新的中华人民共和国。

1948年11月，气吞山河、决定中国命运的淮海战役打响。作为解放战争中具有决定意义的重大战役之一，60万人民解放军之所以能够击败有着优势装备的80万国民党军，与人民群众的支持和帮助有着密不可分的关系。

淮海战役规模巨大，地域广阔，参战兵力众多，地理环境复杂，作战方式多样多变，战役进程转换迅速，后勤保障任务艰巨而繁重。毛泽东对此极其重视，早在1948年9月28日的电报中就指出："对全军作战所需包括全部后勤工作在内，有充分之准备，方能开始行动……须准备两个月至两个半月的粮秣用品。"为支援革命战争，人民群众提出了"解放军打到哪里，我们就支援到哪里""前方需要什么，后方就支援什么""倾家荡产也要支援淮海战役"等极具感召力的口号。运输线上，人如潮涌，川流不息，"吱吱呀呀"的小推车，一个追着一个向囤粮点、兵站和战场飞驰。

在中国共产党历史展览馆陈列着一根小竹竿，小竹竿长106厘米，直径约为2.5厘米，属国家一级文物，是山东省莱东县（今莱阳市）支前民工唐和恩在支前路上支撑走路使用的。淮海战役爆发后，唐和恩在"一切为了前线胜利"的口号下，以高度的热情和不怕牺牲的精神，加入了支前大军。之后，唐和恩任莱东县陶障区运输小队副指导员、党支部组织委员兼第四小队队长。唐和恩从家乡启程的时候随身携带了一根竹竿，每到一地，他就把地名刻在小竹竿上，共刻下了山东、江苏、安徽三省88个城镇和村庄的名字。在支前运输粮草的过程中，为了能让队员们吃饱，还能按时按量完成运输任务，唐和恩带领队员们制订了粮食节省计划，把省下来的小米、白面给子弟兵吃。在风雨交加的运粮途中，队员们把自己身上穿的蓑衣、棉衣盖在粮车上，宁愿自己身上淋透，也要保证军粮不被淋湿。运送伤员时，支前队员们用来御寒的狗皮被他们铺在伤员身下的担架上，用来遮雨的蓑衣也被支前队员脱下来，盖护在担架上。在5个多月的支前战斗中，唐和恩和他的小车队留下许多英雄事迹，立下了不朽的功勋。唐和恩携带着这根小竹竿，从沂蒙大山走到了淮海平原，行军时用它当拄棍，过河、涉水。踏雪时用它探路，有时还用它绑上树枝防空和引路。这一根小小竹竿记录了唐和恩小车队5000多里支前历程。淮海战役军需的9.64亿斤粮食，就被唐和恩这样的数百万普通民工运到了前线。据统计，参与淮海战役后勤保障的民工总数达543万人，相当于每名战斗员身后有9个民工在保障。正如陈毅所说：淮海战役的胜利，是人民群众用小车推出来的！

▲唐和恩的小竹竿
（中国人民革命军事馆藏）

赢得人民信任，得到人民支持，中国共产党就能够克服任何困难，就能够无往而不胜。中国共产党之所以能够由小变大、由弱变强，根本原因是始终坚持和践行为中国人民谋幸福、为中华民族谋复兴的初心使命，始终保持同人民群众的血肉联系。中国共产党正是坚持一切为了群众，一切依靠群众，全心全意为人民服务，才赢得了人民群众的衷心拥护和坚定支持。在人民的支持下，中国共产党最终赢得新民主主义革命胜利，实现了民族独立和人民解放。

# 第二节
# 共产党是“红太阳”

鸦片战争以后，中国逐步沦为半殖民地半封建社会，国家蒙辱、人民蒙难、文明蒙尘，中华民族遭受了前所未有的劫难。中国共产党成立后，中国人民有了自己的定盘星和领路人，开始朝着社会主义和共产主义的目标探索前进。共产主义远大理想激励了一代又一代共产党人英勇奋斗，成千上万的共产党人为了这个理想献出了宝贵生命。“砍头不要紧，只要主义真”“敌人只能砍下我们的头颅，决不能动摇我们的信仰”，这些视死如归、大义凛然的誓言生动表达了共产党人对远大理想的坚贞。理想之光不灭，信念之光不灭。广大老区人民从中国共产党人不怕牺牲、至死不渝的坚定理想信念中，认定共产党就是“红太阳”，是“大救星”，是“领路人”，坚定地选择中国共产党、信仰共产党、跟随共产党的步伐向着崇高的目标奋进，成为中国共产党最稳固的根基和最坚强的后盾。

## 坚定信念明方向

一个组织、一个政党要实现既定的奋斗目标，必须要有意志坚定的领导者。革命战争年代，中国共产党出现了以毛泽东同志为主要代表的一批意志坚定、不畏艰难的领导人。他们坚不可摧的理想信念和一往无前的政治勇气，成为引领全党同志奋斗的精神旗帜，极大地鼓舞了革命同志和广大人民群众，激发他们大无畏的革命豪情，使党涉过险滩，走向胜利。

1927年9月，毛泽东率领秋收起义部队退到文家市，工农革命军士气受挫。他向全体人员讲话说："中国革命没有枪杆子不行。这次秋收起义，虽然受了挫折，但算不了什么！胜败乃兵家常事。我们的武装斗争刚刚开始，万事开头难，干革命就不要怕困难。我们有千千万万的工人和农民群众的支持，只要我们团结一致，继续勇敢战斗，胜利是一定属于我们的。我们现在力量很小，好比是一块小石头，蒋介石好比是一口大水缸，总有一天，我们这块小石头，要打破蒋介石那口大水缸。"毛泽东的大无畏精神深深地感染了广大士兵，他们一个个提着枪站起来，列队向排头看齐。

和旧中国广大人民一样，在未接触共产党以前，老区人民长期生活在封建社会的专制统治之下，寻求一日之温饱便是他们头等的大事，毫不关心政治、政党，无所谓国家、社会、民族，对共产党闻所未闻，不知何物。然而，共产党的到来，使老区人民逐渐觉醒。老区人民在世界观、人生观和价值观上发生了根本性的新变化。他们不再是愚昧无知的老农民、老手艺人，开始懂得共产党是真正为民做主的党、是得民心的党；开始懂得只有跟着共产党闹革命，才能推翻反动统治，结束自身的压迫；开始懂得坚定跟着共产党，与国民党反动派和地主剥削阶级做坚决斗争，是他们的最好选择。

马克思指出："随着每一次社会秩序的巨大历史变革，人们的观点和观念也会发生变革。"中国共产党在苏区的革命，带来了思想意识和社会生活的巨变，随着苏维埃运动深入发展，农民则更加相信共产党、认同共产党，对于国共两党的认识进一步深入。当时在苏区内广泛传唱着民谣："国民党呀好不好？百姓三餐都没饱。共产党呀好不好？领导百姓都吃饱。""穷苦人家笑连连，三荒五月有饭吃，九冬十月有衣添。"

原本不知共产党、不知国家为何物的老区人民，在共产党的教育和宣传下，思想政治水平有了较大的提升。1930年10月7日，赣西特委书记刘士奇在给中央的综合报告中提到："苏府范围内的农民，无论男女老幼，都能明白国际歌，少先歌，十骂反革命，十骂国民党，十骂蒋介石，红军歌，及各种革命的歌曲，尤其是阶级意识的强，无论三岁小孩，八十老人，都痛恨地主阶级，打倒帝国主义，拥护苏维埃及拥护共产党的主张，几乎成了每个群众的口头禅，最显著的是许多不认识字的工农分子，都能作很长的演说，国民党与共产党，国民政府与苏维埃政府，红军与白军，每个人都能分别能解释。"①

---

①《赣西南（特委）刘士奇（给中央的综合）报告》（1930年10月7日），载江西省档案馆、中共江西省委党校党史教研室选编《中央革命根据地史料选编》上册，江西人民出版社，1982，第355页。

传统农民原有的“个人主义”“地方观念”“亲族观念”以及“迷信观念”被抛弃，国家、政党、主义、阶级、政权、集体等知识开始进入农民的头脑并进一步升华，使其信仰、思想、观念、情感乃至心态发生重大变化，一种新的价值观念和行为规范在各革命老区初步建立起来，老区人民对中国共产党的认识逐渐深入并高度认同，从而进一步坚定了跟随中国共产党闹革命的正确方向。

磊落奇才唱大同，龙津水浅借潜龙。
愿消天下苍生苦，尽入尧云舜日中。

这首诗的作者叫彭湃。

彭湃于1896年出生在广东省海丰县的一个地主家庭，家里有1500多名佃农，平均下来由30余个佃户养活1名彭家成员。就是这样的一个富家子弟，在日本留学时，第一次读到《共产党宣言》就被其理念深深打动，《共产党宣言》告诉他：过去的一切运动都是少数人的，或者为少数人谋利益的运动。无产阶级的运动是绝大多数人的，为绝大多数人谋利益的独立的运动。正是在这般理念的感召下，彭湃拨开了思想的迷雾，认识到只有共产主义才能救中国。他将自己的共产主义理想投入实践的第一步，是把自己从有产者变成无产者，把自己分得的田契亲自送给佃户，佃户不敢要，他便在家门口召开群众大会，当众将田契、租簿一张张烧毁。彭湃用一把火烧掉自己相当于如今千百万元的资产，也烧掉他与传统剥削和压迫制度的关联，断了他与封建地主阶级家庭的关系，点亮带领劳苦大众站起来革命的信仰之光。

1922年7月29日，被彭湃的事迹触动和感染，张妈安、林沛、李老四等5位农民主动来到彭湃的住处“得趣书室”，与彭湃深入畅谈，并在此成立了海丰县第一个有组织有纪律的农民协会——六人农会。在张妈安等人的协助和宣传下，农民协会的发展愈发顺利。两个多月后，农会会员人数已由最初的6人发展到500余人，并于同年10月成立赤山约农会。不到半年，全县农会会员已有10万，约占海丰县总人口的四分之一，海丰农民纷纷义无反顾地加入革命浪潮中。1927年10月，彭湃在海陆丰地区领导武装起义，建立海丰、陆丰县苏维埃政府，这是中国第一个县级农村苏维埃政权。1929年，彭湃因叛徒出卖不幸被捕，即便受尽酷刑，他仍坚贞不屈，就义时年仅33岁。

共产党的理想信念就像一束光，为近代中国苦苦寻求道路的爱国民主人士指明了方向。坚定理想信念，坚守共产党人精神追求，始终是共产党人安身立命的根本。对马克思主义的信仰，对社会主义和共产主义的信念，是共产党人的政治灵魂，是共产党人经受住任何考验的精神支柱。党员干部只有胸怀天下、志存高远，不忘初心使命，把人生理想融入党和人民事业之中，把为人民幸福而奋斗作为自己最大的幸福，才能拥有高尚的、充实的人生。

## 誓死相信共产党

中国共产党成立伊始，就坚定地把马克思主义作为自己的指导思想，鲜明地把为劳苦大众打天下写在奋斗的旗帜上，矢志不渝地把为中国人民谋幸福、为中华民族谋复兴作为初心使命。从井冈山到宝塔山，老区人民感受到了做人的尊严、看到了过好日子的希望。不论斗争形势多么严峻，不管战斗牺牲多么惨重，老区人民不畏生死、坚定信仰，认准党的伟大目标、正确方向的信念矢志不渝。老区人民跟着党走不掉队，认准的是共产党追求的伟大目标和正确方向。他们都坚信，选对了目标和方向，就会有希望、有胜利、有未来。

1934年11月18日，红四团占领湖南道县，大部队跟着开进了县城，红军在道县县城筹款筹粮、休整，为即将打响的湘江战役做充分的准备。在道县进行休整后要继续出发，红军仍然舍不得从江西老家辛苦带来的各种东西，特别是一些机器、书籍、文件、日用品等，仍旧是坛坛罐罐甬道式前进。出发时，需要一定数量的挑夫，不少道县人踊跃为红军挑担子。听说红军需要挑夫，道县上关街道上关村时年30岁的妇女彭素贞，主动请缨帮红军挑担子。当问她为什么要来帮红军挑担子时，彭素贞说:“前几天，红军在城隍庙打土豪劣绅斗地主，分米粮布匹给穷人，我还分了半匹布，我觉得红军是好人。”彭素贞跟着红军从道县出发，进广西灌阳，过湘江。在惨烈的湘江战役中，尽管身上多处受伤，彭素贞仍不退缩。红军战士劝彭素贞回乡，她也拒绝了，依旧坚强地跟着红军走，因为她相信共产党、相信红军，有了共产党和红军，就有了生活的盼头、有了未来的温暖和光明。就这样，这位一路上备受红军长征精神感染的坚强女性，在接下来的时间里，又跟着红军走过了3省17个县，行程

2500多里，用瘦弱的肩膀硬是把红军的物资送到了贵州境内。

理想信念是中国共产党人的精神支柱和政治灵魂，也是保持党的团结统一的思想基础。中国人民相信中国共产党，是因为相信党一心为民的初心和信仰，他们不止坚定不移相信党，甚至愿意倾其所有保护党。

"蒙山高，沂水长，军民心向共产党……"这段优美动听的旋律，这段耳熟能详的歌词，背后讲述的是舍生忘死、秘密救护红军伤员的沂蒙红嫂明德英的感人故事。明德英出生于山东沂南的一个贫苦农民家庭，两岁时因病致哑。全民族抗战爆发后，她在家乡目睹了共产党领导八路军坚持抗战、一切为了民众的实际行动，从而对共产党、八路军怀有深厚感情。1941年冬，大批日伪军包围了驻沂南牧马池村的八路军山东纵队司令部。11月4日，八路军一名小战士在反"扫荡"突围中身负重伤，明德英机智地将他救下，并为他包扎伤口。当搜捕的日军

▲明德英雕像

走后，伤员因失血过多以及缺水而休克，在周围没有水源的情况下，尚处在哺乳期的她来不及多想，毅然解开衣襟，把乳汁一滴一滴地滴到了战士的嘴里，直至小战士慢慢苏醒。明德英坚信，共产党、八路军才是自己的救星，是自己的亲人！为了他们，她愿意奉献一切！明德英和丈夫决定冒死也要秘密掩护八路军战士。他们家不远处就是一片坟地，他们就将伤员秘密隐藏在一座空坟里。在不到一个月的时间里，夫妻俩倾其所有护养八路军小战士，直至小战士伤愈归队。后来，沂蒙红嫂用乳汁救伤员的故事逐渐传遍全国，明德英因此赢得了人们的敬重。新中国成立后，她仍不忘爱党爱军，先后把儿子、女儿、孙子等送入子弟兵行列，传承弘扬爱党爱军的沂蒙精神。

坚定信念，才能“咬定青山不放松”。因为有着对共产党的坚定信仰，很多革命群众克服了前行路上的重重阻碍，追随共产党甚至献身革命。

王璞，河北省完县野场村人。全民族抗战爆发后，11岁的王璞被大家推选为儿童团团长，每天带着儿童团员，拿着红缨枪，站岗放哨查路条，给八路军送信带路，开展拥军优属活动。他在抗日小学的墙上贴了一张《抗日公约》，号召大家同日本帝国主义斗争到底。此外，他还学会了布雷和造雷，曾用自制的地雷炸死一个汉奸，还协助民兵抓住了两个日本兵。1943年春，日军对唐河两岸进行大“扫荡”，野场村作为八路军冀中军区后勤供应处，成为日军的重点进攻目标。5月7日，因汉奸告密，日军包围村后的后石沟，并在山坡上架起了机枪，威逼群众说出八路军的枪支、弹药、粮食与服装的隐藏地点。面对穷凶极恶的敌人，年仅14岁的王璞表现得非常镇定，痛骂汉奸，并高声鼓舞群众牢记《抗日公约》，誓死不透露八路军的消息。当敌人将刺刀架在王璞的脖子上继续逼问时，王璞怒视着敌人，高声道："就是死了也不当汉奸！"敌人最终没有从群众口中逼问出一点儿线索，于是恼羞成怒，用3挺机枪同时向手无寸铁的群众疯狂扫射。王璞与母亲及128名无辜群众一同惨死在敌人的枪口下。老区人民以坚定的意志、不懈的追求，刻写了对党的忠诚和对信仰的坚守。

## "东方红，太阳升"

习近平总书记在纪念毛泽东同志诞辰120周年座谈会上的讲话中强调，毛泽东同志是伟大的马克思主义者，伟大的无产阶级革命家、战略家、理论家，是马克思主义中国化的伟大开拓者，是近代以来中国伟大的爱国者和民族英雄，是党的第一代中央领导集体的核心，是领导中国人民彻底改变自己命运和国家面貌的一代伟人。老区人民通过各种方式表达对带领人民翻身得解放的中国共产党及其领导人的爱戴，表达对党和一代伟人的拥护，坚定他们跟着共产党、追求幸福路的信心决心。

中国共产党在陕甘宁边区建立新政权后，受到百姓的热烈拥护和赞扬。他们拥护中国共产党的领导，拥护边区政权，爱戴革命领袖。"东方红，太阳升，中国出了个毛泽东。他为人民谋幸福，呼儿嗨哟，他是人民大救星。"延安时期，一首《东方红》传遍大江南北。这是从人民心底自发流淌出的歌声。编唱这首歌的是陕北农民诗人李有源。

李有源一直向往革命并积极参加革命运动。1935年10月，以毛泽东同志为代表的党中央、中央红军到达陕北，李有源感觉终于有了盼头。抗日战争时期，随着八路军进驻佳县，李有源就对共产党有了了解，中国共产党就是为劳苦大众谋解放、谋幸福的党。李有源对共产党的感情也越发深厚。

虽然当时的陕甘宁边区处在敌人的四面包围之中，但毛泽东自豪地总结这里创造出了超越中国任何地方的“十个没有”：一没有贪官污吏，二没有土豪劣绅，三没有赌博，四没有娼妓，五没有小老婆，六没有叫花子，七没有结党营私之徒，八没有萎靡不振之气，九没有人吃摩擦饭，十没有人发国难财。毛泽东强调：“我们的党专为国家民族劳苦民众做事，牺牲个人私利，故人人平等，并无薪水。”人民，只有人民！“人民”二字在中国共产党人心中的分量和地位至关重要。共产党“人民至上”的理念深深感动着陕北的人民群众，李有源和其他农民一道，用陕北民歌音调编写了许多歌曲。《东方红》这首歌，用朴实浅易的语言表达出人民群众对革命领袖毛泽东和中国共产党的无限深情，以及边区广大贫苦农民渴望幸福生活的美好愿望。

著名民歌《咱们的领袖毛泽东》，也淋漓尽致地表达了陕甘宁边区百姓对边区新政权和人民领袖的拥护和赞扬。这首歌的歌词是延安的劳动模范孙万福创作的。

孙万福出生于甘肃环县曲子镇刘旗村的一个贫民家庭。1929年，陇东大旱，孙万福无奈之下只得把地产典当一空，全家八口人靠着租种地主20亩地艰难度日，且负债6000余元。1936

年6月，中国工农红军解放了曲子镇，孙万福一家分到了田地和牲畜，生活得到了根本改观。尤其是陕甘宁边区政府成立后，过去挨饿受穷的邻里乡亲都过上了好日子。1943年春，三八五旅一部在刘旗村白杨树山开荒，孙万福主动给战士们充当义务"老师"，帮助他们修整土地、播撒种子、管理庄稼。新开的荒地当年收获糜子100多石。1943年11月，孙万福被评选为陕甘宁边区甲等劳动英雄，出席了陕甘宁边区劳动英雄大会，在延安住了近3个月，受到毛泽东、朱德、刘少奇、周恩来等中共中央领导人的接见。12月9日，在杨家岭西北局的办公室受毛泽东接见时，孙万福从椅子上站起来走近毛泽东，用两只手紧紧地抱住毛泽东的肩膀，说："大翻身哪！有了吃有了穿，账也还了，地也赎了，牛羊也有了……"

因为对领袖的无比热爱和拥护，孙万福越说越激动，即兴朗诵道："高楼万丈平地起，盘龙卧虎高山顶，边区的太阳红又红，咱们的领袖毛泽东。天上三光日月星，地上五谷万物生，

▲陕甘宁边区召开劳动英雄与模范生产工作者大会

来了咱们的毛主席，挖断了穷根翻了身……”后来，这首诗被谱写成歌曲，唱红了陕甘宁边区，传遍了全国。千千万万像孙万福一样翻身得解放的老区人民，怀着对党和革命领袖，尤其是对毛泽东的无比爱戴和崇敬之情，以党的旗帜为旗帜，以党所指引的方向为方向，以党的意志为意志，跟着共产党奋勇前进。

老区人民的歌深切表达了亿万人民对领袖毛泽东发自内心的敬仰，歌颂了毛泽东带领中国人民砸烂旧中国、建立新中国的丰功伟绩，抒发了全国人民对无产阶级革命家和思想家毛泽东的深情缅怀，表达了中国人民衷心拥护中国共产党的信念决心，中国人民从事实中领悟到中国共产党人的理想信念是崇高的、坚定的。

江山就是人民，人民就是江山。

一路走来，人民群众的质朴和对领袖的热爱让人动容。历史和实践证明，中国共产党的根基在人民、血脉在人民、力量在人民，人民是党执政兴国的最大底气。人民领袖爱人民，人民领袖人民爱。新征程上，只有坚定拥护和维护习近平总书记的核心地位，全党才有定盘星，全国人民才有主心骨，中华“复兴”号巨轮才有掌舵者。只有坚持习近平新时代中国特色社会主义思想的指导地位，我们党才能在中华民族伟大复兴战略全局和世界百年未有之大变局深度演进互动的复杂条件下，带领全国各族人民坚持正确前进方向，积极应对风险挑战，乘风破浪不迷航。

# 第三节
# 坚定不移跟党走

中国共产党成立伊始，就鲜明地把为劳苦大众打天下写在奋斗的旗帜上，矢志不渝地把为中国人民谋幸福、为中华民族谋复兴作为初心使命。从第一块革命根据地的创建到新中国建立，哪里有压迫，哪里就有共产党人的冲锋陷阵；从不拿群众一针一线的诺言到打土豪、分田地的实践，哪里有革命的队伍，哪里就有群众的解放。从井冈山到宝塔山再到北京天安门，老区人民感受到了做人的尊严、看到了过好日子的希望。不论斗争形势多么严峻，不管战斗牺牲多么惨重，老区人民相信党、拥护党、跟党走的信念始终不渝。

## 铁心向党永追随

1927年大革命失败后，中国革命政治局势急剧逆转。据不完全统计，从1927年3月到1928年上半年，被杀害的共产党员和革命群众有31万多人，其中共产党员2.6万多人，其余大部分是跟随中国共产党闹革命的人民群众。在严峻的生死考验面前，在革命前途惨淡黯然的危急时刻，“中国共产党和中国人民并没有被吓倒，被征服，被杀绝。他们从地下爬起来，揩干净身上的血迹，掩埋好同伴的尸首，他们又继续战斗了”①。

“牺牲个人，言首逖蜜（严守秘密），阶级斗争，努力革命，伏（服）从党其（纪），永不叛党。”这份入党誓词是现存最早的中国共产党人入党誓词。写下它的人，是江西省永新县的一位普通农民贺页朵。井冈山斗争时期，贺页朵以榨油为掩护，从事党的秘密工作，为红军搜集情报，运送食盐、粮食和弹药。1931年1月25日，经党组织批准，贺页朵正式加入中国共产党。在庄严的入党仪式上，贺页朵拿出早已准备好的一块红布，在上方端端正正地写下中国共产党的英文缩写“C.C.P.”，然后在布的中间竖着写下这段入党誓词。贺页朵文化水平不高，24个字中有多个错别字，但每一个字都熠熠生辉，那是他对党的忠诚的纯粹和干净。写完誓言，他自豪地在右边空白处写上了自己的姓名和入党地点：中国共产党员贺页朵，地点北田村。

---

① 毛泽东：《论联合政府》（1945年4月24日），载《毛泽东选集》第3卷，人民出版社，1991，第1036页。

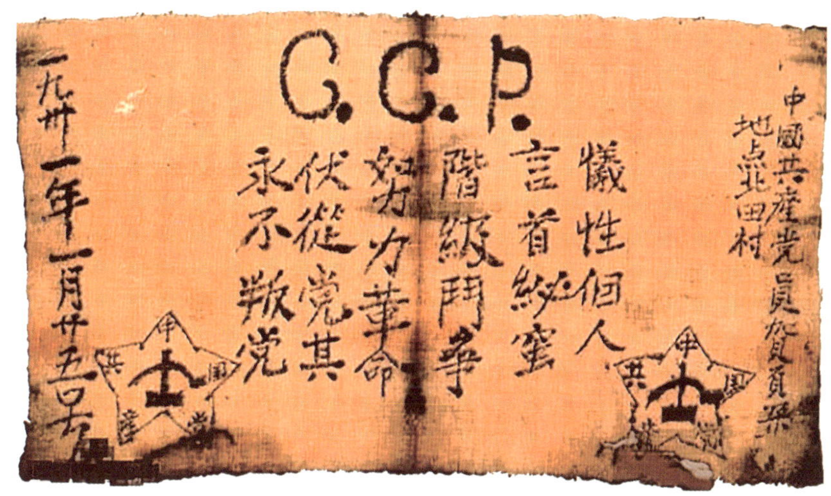


▲农民贺页朵写在布上的入党誓词

在当时白色恐怖下，把名字、地点留在入党誓词上是冒着极大危险的，一旦暴露，就有可能性命难保，甚至殃及全家。可贺页朵却毫不犹豫，字里行间透出的是他对党朴素的阶级感情和坚定的革命信念。从此，这份誓言成为贺页朵生命的座右铭，无论战斗多么残酷，无论环境多么险恶，他都勇敢地冲在斗争第一线，用实际行动践行着自己的誓言。

1932年，红四方面军在鄂豫皖革命根据地的第四次反“围剿”失利。在被各路敌人围追堵截的严峻形势下，中共中央鄂豫皖分局、红四方面军和鄂豫皖省委决定向鄂东地区转移。红军队伍和随军“跑反”的苏区干部群众也潮水般地由皖西涌向鄂东。在这支西征转移的大军后面，有一支由林月琴、陈映民、刘百兴等大姑娘、小媳妇组成的女子“跑反队”紧紧追随着。这些女子“跑反队”成员大多是从事红军供给、伤员救治护理和被国民党军打散的红军女战士。从未离开过家乡、从未经历过长途行军的妇女们，誓死跟着红军走，劝不散、赶不走、拖不垮，紧紧跟在队伍后面；红军中途休息，她们也就地休息；红军驻扎后，她们就主动帮助挑水、拾柴、烧火、做饭，或帮着做点针线活儿。目的只有一个：跟着红军队伍干革命，一定要参加红军。到了豫陕边界时，后卫部队的领导被她们坚决跟随红军的顽强意志所感动，不忍心再阻止她们，便将她们分别编入各个单位，成为红军战士，她们后来为革命作出了重要贡献，她们的动人事迹也谱写出了精彩华章。

长征前后，医生傅连暲心向共产党、跟随共产党的故事传为佳话。1894年，傅连暲出生于福建长汀的一个基督徒家庭。在成长过程中，他受到基督教影响，希望上帝能够救世救人。1915年，傅连暲被聘为汀州福音医院的医生，1925年被推举为院长。1927年，南昌起义部队南下广东途经福建长汀时，有两位共产党员找到傅连暲，请他收治300多名起义军伤员。傅连暲虽不了解革命，却一口答应，即刻召集全城的医生和自己的家人、学生，夜以继日抢救伤员。经过与共产党的接触，他发现这是一支与旧式军阀不一样的军队。傅连暲被中国共产党及其领导的这支军队的革命激情所感动，对他们的革命乐观主义精神和坚定的理想信念留下了深刻印象。1932年底，毛泽东来到长汀福音医院养病。在与毛泽东的交往中，傅连暲接触了许多新思想，也更钦佩毛泽东的雄才大略。从那以后，傅连暲坚定了跟党走的信念。

1933年初，中共临时中央迁至瑞金，傅连暲毫不犹豫地将福音医院搬到了瑞金。他雇了150个挑夫，挑了半个月，把整个福音医院从汀州一直挑到瑞金叶坪杨岗，并将福音医院更名为中央红色医院。傅连暲放弃了每月400大洋的收入，把医院和个人购买的药品全部捐出，并正式加入了红军。因为他深信，党和红军指示了中华民族和中国人民解放的道路。

1934年10月，中央红军主力开始长征。组织上照顾傅连暲，想送他回长汀，但他坚决要求参加长征。漫漫长征路，一路上条件恶劣，战士们饱受疾病威胁，正是由于傅连暲的及时救治和精心保障，许多人的生命得以挽救，毛泽东也亲切地称他为"红色华佗"。1938年9月，傅连暲正式成为中国共产党党员，彻底完成了从一个基督教徒到一名共产主义战士的信仰转变。

傅连暲的经历只是革命老区人民坚定不移跟党走的一个缩影。因为坚信共产党所信仰的主义是宇宙真理、所指引的方向是实现中华民族和中国人民解放的正确方向，从而聚拢在中国共产党周围，点燃了理想信念之火，虽历经千难万险、付出重大牺牲，但心中的那座信仰丰碑始终不倒，跟党走的决心和信心始终不曾改变。

"打断骨头连着筋，扒了皮肉还有心，只要还有一口气，爬也爬到延安城。"二十世纪三四十年代，陕西延安这个在中国地图上并不起眼的西北小城，却成为无数中国先进青年心中的圣地。延安究竟有什么魔力，让他们偏向荆棘而行，不惜向死而生？这些青年中有的还出身富贵世家，过着优渥的生活。

那时的中国，已经到了最危险的时刻，山河沦陷、满目疮痍，中国人民陷入极大的苦难之中。中国共产党领导的八路军、新四军和敌后抗日武装力量的不断发展及其取得的辉煌战果，与国民党政府消极抗日、不断退让的所作所为及其恶劣后果，形成了鲜明对比。延安窑洞的物质生活十分清苦，但文化精神生活丰富多彩。这里有大大小小各式各样的学校，有激越飞扬的歌声，有始终如一的希望和永远乐观的情绪。

要抗日，要寻求民族独立，就应该跟共产党走，这正是无数爱国青年奔赴延安的初心。全民族抗战爆发后，无数爱国青年成群结队、络绎不绝，迎着漫天黄土，怀揣《红星照耀中国》（当时译名为《西行漫记》），或搭车或步行，奔向心中的“圣地”——延安。据统计，这一阶段到延安的革命青年有4万余人，他们大多为知识分子，文化程度较高，拥有初中及以上学

▲革命圣地延安

历的占了70%左右。上海沦陷后，一批爱国青年以救亡团体的名义，历时13个月，徒步1万多里，到达延安。印度援华医疗队队长爱德华曾目睹此情此景，不禁感叹："奇迹！这是20世纪中国的耶路撒冷！"可以说，从全国各地到延安的路，就是一条追随信仰、追随理想、追随中国共产党的路。

## "吃菜要吃白菜心，当兵就要当红军"

人民的党、人民的军队，人民支持。党领导的人民军队以血肉为代价，用22年的时间最终奏响了"百万雄师过大江"的豪壮凯歌，从点点星火燃成燎原之势。正是因为人民军队来自人民、服务人民，才使劳苦大众铁心跟党走。

1930年9月，毛泽东、朱德率领红一方面军攻打长沙后，来到江西安源扩充红军。

"毛委员来了""红军回来了"的喜讯犹如春风，吹拂了安源的山山水水，传遍了矿区的千家万户。安源的大街小巷张灯结彩，鞭炮声声；墙壁和门上张贴着"欢迎毛委员""欢迎红军""中国共产党万岁"等标语；市街群众欢呼雀跃，沉浸在一片喜庆的气氛之中。

在这次扩军热潮中，1000余名安源矿工参加了红军。矿工纠察队还协助红军在附近打土豪，筹军款，并从矿局金库中缴获了约10箱银圆交给了红军。

同样，在赣南苏区乡村，"父送子、妻送郎，父子一同上战场"这样的感人场面时刻在发生。无数年轻人为了坚定不移跟着共产党，背井离乡去参军，直至献出年轻的生命……

杨荣显是瑞金沙洲坝的一位普通农民，有8个儿子。一家世代受地主剥削，生活过得十分艰难，家中穷得“上无片瓦，下无寸地，身穿破衣裳，家无过夜粮”。后来，共产党来了，红军来了，给他们家分了田地，几个儿子也娶上了媳妇，日子一天比一天好。正因为此，杨荣显对党、对红军始终心怀感激。

1931年11月8日，中华苏维埃共和国临时中央政府在叶坪成立的第二天，杨荣显高高兴兴地带着大儿子和二儿子来到参军报名处，嘱咐他们要跟着红军好好干。不幸的是，不到三个月，两个儿子便战死沙场。噩耗传来，年过七旬的杨荣显老人一句话也没说。

1932年，为了扼杀新生的红色政权，消灭党和红军，国民党调集了40万兵力对中央苏区进行第四次“围剿”。在前方战事吃紧、后方兵员短缺的情况下，苏维埃政府发出了“扩红支前”的号召。一时间，到处都能看见红军官兵匆忙的身影，到处都能看到躺在担架上转移的伤员。

而杨荣显家里，却看似比往常更加平静，原本就寡言的老人话更少了，几个兄弟也一言不发，看起来心事重重。一天，杨荣显突然把6个儿子叫到老大、老二的灵位前。要他们向老大、老二学习，参加红军保卫苏维埃。

第二天，杨荣显就把6个儿子送到区苏维埃政府报名应征。苏区军民经过艰苦作战，粉碎了敌人一次又一次的进攻，可杨家的老三、老四、老五、老六也都先后牺牲在战场上。担任红军总政治部秘书长的邓小平听说了杨荣显的事迹，专门派人看望了老人家，并告诉他，部队已下了决心，帮他找到老七、老八,把哥俩送回老人身边,可杨荣显怎么也不答应。后来,老七、老八也在战场上牺牲了。

杨荣显一家八子参军、前赴后继、壮烈牺牲的事迹是老区人民倾尽所有、支援革命战争的一个缩影。当年江西省兴国县23万人口,有9.3万人参军参战;瑞金县24万人口,加入红军和地方武装的有5万多人。许许多多牺牲的人连姓名都没有留下。

“吃菜要吃白菜心,当兵就要当红军”,当年的苏区湖南省永顺县塔卧镇,到处响亮着这样的歌声。1934年12月至1935年10月,贺龙、任弼时、关向应、萧克、王震等老一辈革命家率领红二、红六军团,创建了以塔卧为中心的湘鄂川黔革命根据地。塔卧由此成为第五次反“围剿”失败后中国共产党在长江南岸创建的最大的一块红色根据地的中心。当年条件虽然艰苦,但人们参加红军的劲头不减。母亲送儿子,妻子送丈夫,兄弟争先当红军,群众成为红军壮大队伍的坚强后盾。那时的

▶版画:《八子参军》

苏区塔卧，一直流传着“扩红一百，只要一歇；扩红一千，只要一天；扩红一万，只要一转”的歌谣。那些年，苏区塔卧成为红二、红六军团的根据地，苏区儿女支前扩红掀起高潮。据统计，永顺县先后共有8万多人参加和支援红军作战，11800余人献出了宝贵生命。

坚定不移地跟着共产党走，是老区人民发自内心的抉择。正是千千万万的老区人民始终坚定不移跟党走，百折不挠勇向前，才实现了新民主主义革命的伟大胜利。

## “头可断，血可流，革命意志不可灭”

对党忠诚，是共产党员的优良品质。习近平总书记指出，理想信念坚定和对党忠诚是紧密联系的。理想信念坚定才能对党忠诚，对党忠诚是对理想信念坚定的最好诠释。革命战争时期，中国共产党经历了无数跌宕起伏、惊心动魄的时刻，但都绝处逢生、化危为机，凭的是什么？多少“不可能”变成了“可能”，发展壮大、革命胜利，靠的是什么？凭的就是坚定的理想信念，靠的就是对党的绝对忠诚。

在艰难的长征途中，红军战士每天面临的死亡威胁不只是敌人的飞机大炮和围追堵截，也不只是自然条件的极度恶劣，还有缺衣少食的重重困难。在漫无边际的草地里，没有足够的粮食，战士们不得不吃野菜来充饥。1936年7月，红四方面军三十一军九十三师二七四团八连和兄弟部队开始第三次穿越草地。刚进入草地没多久，战士们就陷入了断粮的困境，只好挖野菜、嚼草根、啃树皮，后来野菜这些也没了，便开始吃牛皮腰带。

年轻战士周广才所在的班原来有14个人，路上已牺牲了7个，另外7名战士都靠吃皮带维持生命。当班里其他6位战友的皮带都吃完后，周广才不得不把自己一直珍藏的皮带拿出来。看着心爱的皮带被割掉一段，切成一根根皮带丝漂在稀溜溜的汤水里，周广才眼泪都掉下来了。当吃完皮带第一个扣眼儿前面那一截的时候，周广才含着泪说："同志们，我们把它留下作个纪念吧，带着它到陕北，去找党中央，去见毛主席！"

战友们都知道，这条皮带是1934年在任合场战斗中缴获的战利品，是周广才的心爱之物。大家见状，便没有把这条皮带吃掉，而是怀着对革命胜利的憧憬，忍饥挨饿，将剩下的半截皮带保留下来。在随后的长征途中，周广才的6位战友相继牺牲，只有他随红四方面军胜利到达延安。为了缅怀牺牲的战友，他在皮带背面烙上了"长征记"3个字，并用红绸子包裹起来。1975年，周广才将珍藏了几十年的半截皮带捐赠给中国革命博物馆（今中国国家博物馆）。这半截皮带也成为"铁心跟党走"

▲周广才的半截皮带（中国国家博物馆藏）

的生动写照。

是什么力量让战士们忍饥挨饿，是“要去找党中央、去见毛主席”信仰的力量。革命理想高于天，理想信念之火一经点燃就会产生巨大的精神力量。风雨如磐的长征路上，面对“天上每日几十架飞机侦察轰炸，地下几十万大军围追堵截”[①]的困难局面，红军战士硬是走出了一条“把活路堵死、向死路求生”的新路，那是因为他们笃信只要跟党走，跟着抗日救国的理想走，就会有前途。

在豫西抗日根据地，老百姓一直讲述着一位刘胡兰式女英雄——马英的故事。马英出生在河南临汝（今汝州市）一个贫农家庭，16岁时同当地农民何学结为夫妻，全家靠租种地主的几亩薄地勉强糊口。1944年，八路军“豫西抗日先遣支队”开进大峪地区。从小受够了贪官土匪欺压的马英，觉得这个队伍和以前的都不一样：他们说话和气，公平买卖，还帮群众挑水、扫地、干农活，闲时向老百姓宣传抗日救国道理。她觉得八路军是真正的救国救民的队伍。马英怀着对共产党的赤诚之心，投入革命的滚滚洪流之中。在她的动员下，丈夫何学加入了民兵。何学作战勇敢，很快就被推举为村长。马英则带领村里的姐妹们，积极为八路军筹集军粮，缝制军衣、军鞋。她的家成了大峪（当时豫西抗日根据地指挥中心）南端唯一的联络站，马英也成了大家公认的“红嫂”。

1945年夏，八路军主力转移到外线作战，日伪军乘机向大

① 毛泽东：《论反对日本帝国主义的策略》（1935年12月27日），载《毛泽东选集》第1卷，人民出版社，1991，第150页。

峪反扑。何学带领20多个民兵奋起还击，但由于寡不敌众，不得不向根据地撤退。马英抱着两岁的女儿同民兵一起转移。走着走着，马英猛然一惊：糟糕！家里的那床破棉被套里还藏着一份给八路军筹粮的账单！上面列着部队的编号、人数、驻地等军事秘密。这绝不能落入敌人手中！马英顾不得危险，放下孩子就往村里跑去，三拐两拐，抄近道赶到了家里。她迅速撕开被套，取出账单丢进了火塘。但马英最终还是被汉奸发现了，一群匪徒蜂拥而上，把她带走了。

当天，马英被汉奸审问了大半天，但她始终只说一句话："不知道！"暴雨般的皮鞭落到马英身上，敌人甚至用烧红的铁锹往她脊梁上烙。马英当即昏死过去。敌人用冷水把她浇醒，反复拷打、折磨，但坚强的她始终未透露半点关于八路军的信息。一个普通的山村妇女竟如此刚强，这是汉奸怎么也想不到的。在什么也得不到的情况下，他们用刺刀把马英刺死。为了伟大的抗日事业，马英英勇就义，献出了自己年仅26岁的宝贵生命。

据不完全统计，从1921年到1949年，党领导的革命队伍中，有名可查的烈士就达370多万人。习近平总书记强调，共和国是红色的，不能淡化这个颜色。无数的先烈鲜血染红了我们的旗帜，我们不建设好他们所盼望向往、为之奋斗、为之牺牲的共和国，是绝对不行的。

# 老区何以不老

# 第三章

# 牺牲与奉献：“为党和国家作出了巨大贡献”

牺牲与奉献充分展现了老区人民为了党领导的革命事业、为了前线胜利，顾全大局、自我牺牲、勇于奉献的价值取向和实践行动。2015年2月，习近平总书记在陕甘宁革命老区脱贫致富座谈会上指出：“老区和老区人民，为我们党领导的中国革命作出了重大牺牲和贡献。这些牺牲和贡献永远镌刻在中国共产党、中国人民解放军、中华人民共和国的历史丰碑上。”2016年4月，习近平总书记在安徽金寨考察时指出：“无论是革命战争年代还是改革开放新时期，老区人民为党和国家作出了巨大贡献。”习近平总书记的系列重要论述，强调了老区人民对中国革命的牺牲与贡献。老区人民为党和军队的革命事业英勇斗争、无私奉献，其无私奉献的博大胸怀，在中国共产党人精神谱系和中华民族精神史上均树立起不朽的丰碑，永远值得我们尊敬。

# 第一节
# “一切为了前线的胜利”

老区人民从革命需要和国家整体利益出发，服务大局、服从大局，无私地将一切奉献给革命、奉献给党和人民军队。在党领导的各项事业中，老区人民以为革命建功为己任，以为党奉献为光荣，为党和中国革命事业奋斗不讲条件、不讲代价，用自己的奉献与牺牲印证了对党和革命事业的赤胆忠心，为中国革命作出巨大贡献。“最后一碗米送去做军粮，最后一尺布送去缝军装，最后一件老棉袄盖在担架上，最后一个亲骨肉送去上战场……”如泣如诉的革命歌谣里，有着老区人民的奋不顾身与无私奉献。正是因为有了老区人民的支持与奉献，中国共产党才能在腥风血雨中从小到大、由弱变强，在战火硝烟中砥砺前行，最终领导人民取得新民主主义革命胜利。

## 舍小家支持革命

习近平总书记强调，革命胜利从来不是天上掉下来的，不是别人拱手相让的，而是用流血牺牲换来的。

绵延近400公里的大别山，是鄂豫皖革命根据地的驻地所在。从1921年11月大别山党组织建立，到1949年新中国成立，28年间，大别山区党的组织不散，武装斗争不断，革命红旗不倒。大别山人民发扬"要革命，不要钱、不要家、不要命"的"一要三不要"和"图奉献，不图名、不图利"的"一图两不图"精神，数十万子弟前赴后继投身革命，为中国革命的胜利作出了巨大牺牲和贡献。据统计，革命战争时期，20万大别山儿女献出了宝贵生命，登记在册的烈士有13万多人，当时人口不足10万的河南新县就有5.5万人为革命而牺牲。

"小小红安，真不简单，铜锣一响，四十八万，男将打仗，女将送饭。"这首在大别山区流传很广的民谣，诉说了湖北红安人民为革命大局担当奉献的光荣事迹。在整个新民主主义革命时期，红安县走出了223名共和国将军，其中在1955—1964年被授衔的有61名，居全国各县城之首。红安县在革命战争时期牺牲了14万人，登记在册的烈士有2.2万余人。

在战火纷飞的革命战争年代，老区人民舍小家支持革命事业，无私地奉献自己的一切，甚至包括亲生儿女，演绎出一个又一个可歌可泣的故事。

开国大将王树声是湖北麻城项家冲人，全村317名青壮年男女皆参加革命，新中国成立时仅剩下3人。王树声经常深情地说：“我是大别山的儿子，是从那里开始闹革命的，大别山的人民哺育了我，哺育了红军。”1928年5月，王树声在开展革命活动时，遭到敌人追捕，躲到麻城县西张店村周家姆家里。敌人叫嚣抓不到王树声就“血洗西张店”。为了不让敌人伤害无辜群众，周家姆让自己的大儿子王政道换上王树声的衣服冒充王树声，然后站出来说：“王树声就藏在我家里。”王政道被敌人捆走了，王树声脱离了险境，王政道却牺牲了。当得知儿子被杀害的消息时，周家姆悲痛不已。数年后，已是红军师长的王树声回家乡探亲，长跪于周家姆面前说道：“干娘，您不只是我的干娘，也是我们红军的干娘啊！”

人民军队一刻也离不开人民群众的拥护和支持。正因为有无数像周家姆一样的老区人民的支持，红军才日渐壮大，不断夺取胜利。中央红军出发长征时，为保证红军路上的供给，赣南人民倾尽所有，筹集150万余元军费，捐献84万担稻谷、20万双草鞋、8.6万余斤棉花、2万余床被毯等，采购10万元中西药品。红军从江西于都集结出发踏上战略转移征途时，于都人民自愿贡献了800多条船，千家万户拆门板、床板、瓜棚板、店铺板支援架设浮桥，有的老人甚至将自己的寿材也捐献了出来。周恩来获知后，感慨道：“于都人民真好，苏区人民真亲。”

1934年11月16日，重建于大别山区红安县的红二十五军根据中共中央指令开始长征，历时10个月，辗转9000里，多次粉碎国民党军的围追堵截，于1935年9月到达陕北，成为长征中最先到达陕北的一支工农红军。长征出发时，红二十五军人数为2980余人，在沿途人民的支持下，到达陕北后扩大到3400多人，这还不包括留在鄂豫陕革命根据地的红七十四师等部队。

"二月里来到扎西，部队改编好整齐，发展川南游击队，扩大红军三千几。"这是陆定一、贾拓夫到达陕北后编写的《长征歌》，生动描述了滇东北威信县各族青年踊跃参加红军的情景。1935年5月，中央红军第九军团进入会泽，打开土豪劣绅的粮仓向群众分发了粮食，穷苦百姓都感受到了共产党带来的温暖，仅两三天，扩红成效显著，红军人数在会泽就增加了1500余人。

为了革命胜利，多少老区人民毁家纾难，抛头颅洒热血，甚至一家数人献身革命。还有苦等丈夫归来的妻子，盼等几十年仍不改初衷，直至晚年离世，催人泪下。赣州兴国李才莲与19岁的池煜华结婚后第三天便参加革命。二人最后一次见面时，李才莲送给池煜华一面小镜子并叮嘱她："如果有人说我牺牲了，你千万不要相信，无论如何，你要等我回来。"此后，池煜华每天拿着丈夫留给她的这面小镜子，在老屋前倚门守望，苦苦守望了72年。池煜华老人每天脚踩着家里的门槛，遥望丈夫回村的道路，门槛被磨出深深的豁口。如今，这个门槛被收藏在中国共产党历史展览馆。这个被脚磨出深深豁口的门槛，既是坚贞爱情的象征，也是坚定信念的象

▲守望中的池煜华

征。20世纪80年代末期，组织经过长时间的走访和调查，最后发现，早在1935年，年仅22岁的李才莲就在瑞金的一场战斗中壮烈牺牲了。当组织把这个消息告诉池煜华时，她仍然坚信丈夫会回来，执着地认定丈夫仍活在世上，直到2005年4月24日她去世的那一天，李才莲也没有回来。但直到离开人世那一刻，池煜华也始终没有忘记丈夫临行前的话："守好家，多识字，多为红军做事情。"

## "靠人民，支援永不忘"

革命战争时期，一切为战争服务。老区人民支持革命的形式是多样的，有直接参加战斗的，有积极参与各种支援前线活动的，也有发展后方生产、承担起劳动生产任务的。在传统社会不参与生产、生活在社会边缘的妇女也参加到革命中来，她们从灶边炕沿、土屋草棚、田间地头走进支前队伍，走向血火战场，可以说是倾其所有、慷慨奉献。她们支援前线最普遍的方式就是参加编织衣物、慰问、征粮、扩红、放哨、通报信息等"后勤"工作，基本是传统家庭劳动的延伸。但在特殊的战争环境中，她们所做的"后勤"工作不再只是家庭劳动，而因受益对象的改变和扩大增添了更多的政治和社会含义。

随着农村中大量青壮年劳动力响应党的号召应征入伍，农业生产中青壮年男劳动力剧减，妇女担起了当地农业生产的重任，以柔弱的双肩挑起中国革命的重担。毛泽东在福建才溪调查时发现，80%的青壮年男子都外出参加红军了。然而，以妇孺为主要生产力的才溪竟然创下了"生产超革命前的100%"的奇迹。据统计，才溪妇女成了生产战线上的主力军，全区3000多名妇女中，有三分之一的人成了犁田、耙田都能干的"多面手"。在农业生产过程中，妇女们的独立经济地位得到进一步保障和加强，她们的才干及自主意识也大大增强，她们得以更广泛地参与政治和革命战争，在支援革命中发挥重要作用。

自第五次反"围剿"失败，红军主力相继战略转移后，留在长江南北的一部分红军和游击队，在党的领导以及人民群众的支援下，在赣粤边、闽赣边、湘赣边、湘鄂赣边、湘南、皖浙赣边、闽西、闽东、闽粤边、闽北、鄂豫皖边、浙南、闽中、鄂豫边和琼崖等十几个地区展开了艰苦卓绝的斗争。南方红军三年游击战争是在主力红军远离根据地、敌我力量绝对悬殊、敌人不断进攻和包围、各游击区经常被隔绝的状态中进行的战争，革命环境之险恶、斗争之酷烈、生活之艰辛，在中国革命史上是罕见的。在三年艰苦卓绝的岁月中，人民群众的支持始终是红军游击队屹立不倒、不断取得胜利的坚强后盾。正如陈

▲苏区时期正在田间劳作的妇女

毅所言:“敌人根本的致命伤,就是我们与群众相结合。敌人采用种种办法来对付我们,都是白搭。”后来,回忆起这段岁月,陈毅依旧满怀感动地说道:“没有人民的积极支持,没有与人民群众生死与共的团结,要想坚持下来是不可能的。”他表示,人民群众的支持是这场革命取得胜利的根本原因,“靠人民,支援永不忘。他是重生亲父母,我是斗争好儿郎。革命强中强”。

“蒙山高,沂水长,我为亲人熬鸡汤。续一把蒙山柴炉火更旺,添一瓢沂河水情深意长……”动人的旋律诉说着沂蒙军民同心、鱼水情深的故事。抚养了86个将帅子女和烈士遗孤、自己孙子却饿死了4个的“沂蒙母亲”王换于,用乳汁救护八路军伤员的“沂蒙红嫂”明德英,组织乡亲们烙煎饼、送弹药、救伤员的“沂蒙六姐妹”,带领姐妹跳进冰凉的河水中扛门板架“人桥”的妇救会会长李桂芳……这些先进典型,都是革命老区人民为革命事业无私奉献的真实写照。拥军支前模范“沂蒙六姐妹”,当时年龄最大的也不过20岁出头,她们发动全村男女老幼为部队当向导、运送弹药和粮草、护理伤员。六姐妹之一的伊淑英怀有身孕,仍然翻山越岭,为部队筹集草料;杨桂英在转移伤员时,一颗炮弹落在她4岁儿子的不远处,巨大的爆炸声当场就把他震聋了,一个天真可爱的孩子从此就生活在无声的世界里。

据统计,从抗日战争全面爆发到解放战争胜利,沂蒙人民做军鞋315.13万双、军衣121.68万件,碾米磨面11715.9万斤,救护伤员5.9万人。据不完全统计,整个解放战争中,山东出动支前民工、民兵1106多万人次、大小推车100多万辆,担架

43.5万副……在沂蒙根据地长期战斗过的陈毅深情地回忆："我就是躺在棺材里也忘不了沂蒙山人。他们用小米供养了革命，用小车把革命推过了长江！"

## "困难再大，也要保证战士们吃上饭"

在抗日战争最艰苦的时期，人民群众节衣缩食，冲破敌人的重重封锁，为抗日军队提供物质援助；为了掩护和帮助抗日官兵，无数人民群众献出了自己的宝贵生命。无论是敌后抗日根据地还是大后方，不同阶层、不同职业、不同民族、不同宗教信仰的人民群众，组织起各种形式的抗日救亡团体，用自己的钱财、知识技能乃至身体力量，积极投身到抗日的洪流中去。

黎城是太行山地区抗日根据地的核心。1937年11月8日，日军占领太原，仅仅10天后，在八路军地方工作团协助下，中国共产党领导的黎城县抗日民主政府建立，黎城全县获得解放。此后，日军几次试图占领黎城都因黎城军民的殊死抵抗铩羽而归，甚至在1939年12月25日之后，黎城境内直到抗战胜利都没再出现过一个日军据点。黎城是太行山抗日根据地唯一一个在抗日战争期间，版图始终完整、政权始终统一的完整县，即便隔壁县成了国统区、敌占区、游击区，黎城县始终是解放区。正因如此，黎城在抗日战争期间，是八路军的战略大后方。不少军工厂都设在黎城，比如当时华北敌后八路军规模最大的兵工厂——黄崖洞兵工厂，黎城还有边区银行、造币厂、总部医院和疗养院等，这里还召开了声势浩大的太行第一届群英大会和规模空前的大型展览。

为了守住这一“完整县”，黎城军民付出了巨大的牺牲。从全民族抗战开始到新中国成立，黎城全县人民不分男女老幼，织布缝衣、站岗放哨、抬伤员、递情报、送粮食、烧木炭、熬硝、造地雷、运弹药，积极支前。这个当时只有9万余人的小县参军入伍人数为5000多人，参加各种抗日救亡组织的有7万多人，支前参战的有2万余人，为国捐躯英烈2000多名，死伤群众7000余人，2000余名优秀干部支援新解放区。

为了粉碎国民党对山东解放区的重点进攻，1947年5月13日，孟良崮战役打响。一方是精良美械装备的国民党张灵甫整编第七十四师，自诩“天下无敌”；一方是小米加步枪的共产党陈毅、粟裕率领的华东野战军，被敌人认为“必败无疑”。然而，共产党领导的人民军队以少胜多、以弱胜强，国民党“王牌师”全军覆没。到底是什么力量，让人民军队创造了以少胜多、以弱胜强的军事奇迹？

战争的决定因素是人不是物，人心向背从根本上决定着战争胜败。在国民党军发动重点进攻时，沂蒙人民给予了野战军毫无保留的支持，家家户户实行坚壁清野，使敌人得不到一点粮食给养的补充，地方人民武装到处袭扰敌人。当野战军机动作战时，群众纷纷返回家园，烧水做饭，送信带路，倾尽全力支援野战军作战。

孟良崮战役中，野战军动用兵力近30万，与敌人激战了整整三天三夜。为了保障战役胜利，沂蒙儿女广泛组织行动起来，在战役期间，沂蒙人民共出动临时民工69万人，二线常备民工15.4万人，随军常备民工7.6万多人。仅蒙阴县参加支前的民工就超过10万人，而当时蒙阴县总人口只有20万，支前民工的数量占到全县总人口的一半以上。一名在孟良崮战役中被俘的国民党军官曾说:“老百姓对共产党是‘要人给人，要粮给粮’，却对我们‘坚壁清野’，不要说人和粮了，连鬼都找不到。”应该说，在孟良崮战役中，人民群众的担当与付出是制胜法宝，老区人民用小推车“推”出的不只是物资补给，更是军民情深。孟良崮战役后，解放战争由战略防御转为战略进攻，小推车没有停歇，一程又一程，不断将革命推向胜利。

淮海战役是解放战争中具有决定意义的三大战役之一。淮海战役中，老区人民喊出“倾家荡产也要支援前线”的口号，动员了大量人力物资，保障了大规模战争得以顺利进行。淮海战役纪念馆中，有一辆小推车曾经引起众人的关注，它就是淮海战役中人民群众支援解放军时使用过的小推车。

1948年10月31日，上级单位“出20辆车子支援淮海战役”的通知传来，山东省泗水县芦沟、土洞等14个偏僻山村的群众立即响应，纷纷报名要求参与支前行动。不久，最终入选的86名支前群众推着载有粮食的小车，浩浩荡荡向前线进发。一路上，他们跋山涉水，不畏艰难，经受着超乎想象的过度疲劳考验。1个月后，支前群众越过陇海铁路，到达前线。然而，随着战争形势的发展，解放军行军速度加快，补给线也不断延长。为了保证部队的粮草供给，86名支前群众在敌机的隆隆声中冒着生命危险、忍着严寒饥饿，跟随大部队日夜行进。1949年1月初，鹅毛大雪漫天飞舞，根据战场保障需要，这支支前队伍仅用3天时间就运粮11.2万斤。雪后的道路被太阳一晒、大车一轧，坑坑洼洼、泥泞难行，推车极其困难。车子不能推，大家便用手拉、用肩扛，他们说："山高挡不住太阳，困难吓不倒好汉。我们能推就推，不能推就扛，困难再大，也要保证战士们吃上饭！"

1949年1月10日，淮海战役胜利结束，泗水县86名支前群众满载荣誉凯旋，而他们使用过的运粮独轮车则被命名为"功劳车"，后由淮海战役纪念馆收藏，被评定为国家一级文物。小小独轮车是数百万支前民工在淮海战役中为革命战争胜利立下的不朽功勋的见证，是淮海战役伟大胜利的见证。

▲淮海战役中的支前小车（中国人民革命军事博物馆藏）

## 第二节
# "不怕牺牲，排除万难，去争取胜利"

"下定决心，不怕牺牲，排除万难，去争取胜利。"这是中国共产党人勇于奋斗、敢于牺牲斗争精神的真实写照，也是老区人民战胜一切艰难险阻的精神动员令。党领导的新民主主义革命历程不是一帆风顺的，而是历经坎坷和磨难，多次面临生死存亡和严峻的考验。老区人民始终站在党的身后，与党同心同向同行，面对生死较量不畏惧、千难万险不退缩，在生与死、血与火的考验面前，以勇于牺牲、敢于担当的革命斗争精神，用"明知山有虎，偏向虎山行"的壮举，勇担重任支持革命。也正是有了老区人民的支持，党及其领导的人民军队才能不断发展壮大。

## “全家革命，满门忠烈”

在革命战争年代，无数革命先烈在黎明前的黑暗中，擎起第一面红旗，洒下生命的热血。在这些先行者的影响和引领下，他们的亲人也纷纷参加革命，甚至为中国革命贡献出了宝贵的生命，可以说是满门忠烈。

有着“中国烈士第一县”之称的兴国县，全县姓名可考的烈士多达23179名，占全国登记在册烈士总数的六十分之一，位居全国各县之首。苏区时期，兴国县全县人口23万，参军参战的有9.3万人，占兴国县青壮年的八成，“母送子、妻送郎，兄弟相争上战场”，这句话真实地反映了当时兴国人民积极参军的景象。9.3万名兴国参军子弟中，有5万余名在后来的战斗中

▲模范兴国（雕塑）

相继牺牲。在长征路上基本上每一公里就会有一名兴国籍的战士倒下，可谓是“万里长征路，里里兴国魂”。

1926年秋，邱会培返回家乡江西兴国开展革命工作，参与党组织的创建。1928年10月，中共赣南特委遭敌破坏，敌人从查抄的书信报刊中发现邱会培与特委书记汪群有联系，即电国民党兴国县政府缉拿邱会培。这天恰逢邱会培的侄子结婚，他带全家去参加侄子婚礼得以免遭敌手。第二天，敌人赶到长迳，未“抓获”邱会培，便将邱会培的弟弟邱会坪、邱会中等8位亲属抓往高兴圩严刑拷打，逼问邱会培的下落。邱会坪等人坚贞不屈，凶残的敌人就将邱会坪当场枪杀，还一把火将邱会培的全部家产烧为灰烬。

亲人牺牲，家产被毁，给邱会培带来了巨大的创痛。然而，敌人的残暴并没有使邱会培屈服，反而更坚定了他革命到底的决心。他把刚满周岁的小女儿托付给别人家代养，自己带着妻子和两个稍大的孩子随崇（贤）高（兴）游击队转战于崇山峻岭中。他以革命队伍为家，四处开展打土豪、分田地以及扩大革命武装的斗争。年仅10余岁的女儿邱春莺、儿子邱先镇在父母的影响下，也积极参加对敌斗争，在地方部队中参加宣传、侦察等工作。

在邱会培的影响下，胞兄邱会坦、三弟邱会图、五弟邱会章都先后参加主力红军，除邱会坦因负伤留在根据地外，邱会图、邱会章都在长征途中英勇牺牲。其中，三弟邱会图少年时出家，后来在邱会培的耐心劝说下，还俗参加了革命。邱会培的妻子、共产党员钟银凰，女儿邱春莺、儿子邱先镇也相继牺牲。

新中国成立后，贺龙回忆自己入党经历时说："有的材料写着我70次找党，算上历次的要求，我也记不清了，没有70次，恐怕也有几十次了吧。"除了贺龙本人，他们一家多位亲人为革命事业献身。贺氏宗亲中有名有姓的烈士有2050人，其中，一次被杀害的就有80多人。贺龙家中有5位至亲为革命牺牲。

贺龙的大姐贺英有勇有谋，是位巾帼英雄。她的丈夫曾组织一支农民武装，参与支持贺龙"两把菜刀闹革命"行动，1922年被地方军阀杀害。贺英接下丈夫留下的枪支，与土豪劣绅继续斗争。1926年贺龙挥戈北伐时，贺英支持革命，与胞妹满姑积极发展武装，并任游击队司令。1928年春，贺龙回桑植举行武装起义，贺英将全部武装交给贺龙指挥。作战失利后，贺龙率部在湘鄂边深山老林休整，贺英派人送粮棉弹药，补充军需，自己则坚持游击，配合工农红军为创建湘鄂边、湘鄂西根据地作出了极大贡献。1933年5月5日，贺英所部突遭敌人偷袭，贺英手持双枪，英勇阻击，在掩护伤病员撤退时不幸中弹，壮烈牺牲。贺龙对这位大姐非常尊敬，回首往事时，他深情地说："那时队伍很小，每次失败，她就帮助我重新成立起队伍。她并不懂理论，但她的想象力极强。胆大，天分比我们高多了。"贺英以非党员的身份投身革命追随党，为党做了大量工作，提供部队支援、守护根据地、保卫红色政权等，成为贺龙开展革命的坚强后盾，最终为党和革命贡献了一切。

戴万龄祖籍山东掖县，家族闯关东来到吉林敦化定居。几代人的辛苦劳作使戴家生活逐渐富裕起来，到了戴万龄这一代，戴家已是东北富甲一方的大地主，不但有良田千亩，还经营着油坊、面粉厂等手工作坊，攒下一大笔家业。

1931年九一八事变后，著名爱国将领王德林担任吉林军第一旅第三营营长，后成立"中国国民救国军"，举起抗日大旗。1932年，王德林率领部队进行战略转移时，碰巧经过结拜兄弟戴万龄的家。王德林劝戴万龄加入救国军，共同抗日。戴万龄立即将家丁组织起来，又招募200多名青壮年，组成乡团，追随王德林。

戴万龄不但变卖家产走上抗日救国之路，还把自己的6个儿子全部拉进队伍，每遇恶战，必冲锋在前，给众人树立榜样。戴万龄率部攻打敦化县城，毙敌无数。日军对戴万龄恨之入骨，奈何抓不到他本人，于是派兵将戴万龄的祖屋等房产付之一炬，戴家的族人也多惨遭不幸，死在日军屠刀之下。这更让戴万龄下定决心，一定要把日本侵略者赶出中国。后来，战况危急，王德林的部队几乎被日军逼得节节败退。戴万龄没有选择离开中国到苏联避难，而是与日军殊死搏斗。他被俘后，在牢中仍誓死抵抗，最终被日军残忍杀害。他的6个儿子也在后来的抗日战场上壮烈牺牲，戴家万字辈、克字辈绝大多数人都牺牲在抗日战场，全族200余人几乎全部为国捐躯。

## 敌人的残忍只会促使斗争加剧

在中国共产党的组织动员下，老区人民群众，尤其是在政治、经济上得到翻身的农民，积极参加革命，且大胆坚定、热情肯干。赣东北第一批走向革命的是以方志敏、黄道、邵式平为核心的家乡同姓子弟或亲友。较多农民群众在他们的影响和秘密动员下参加革命。这些群众在革命形势高涨引来的敌人反复进攻和烧杀中，大部分仍然能坚持革命甚至越遭烧杀越奋勇，意志坚定。弋横暴动后，随着苏区的建立，国民党军在靖卫团配合下，占领弋阳、横峰两个月，烧了10多个村的房屋，捉去农民五六十人，杀了30余人，有些村坊甚至被烧过好几次。方志敏的村庄除瓦屋被烧完，茅屋也被烧了4次。面对敌军和靖卫团的烧杀和高压，“被烧了屋的群众走回家来，不见房屋，只见一片断墙碎瓦，哪能不伤心！女人们都大哭起来，边哭边骂；男人都咬牙切齿，指手顿脚地骂劣绅，咒白军，要与他们拼命”，“因为群众被烧了房屋，一方无所挂虑，另一方想起来就心痛，所以更加拼命斗争了”。[①]可见，敌人的烧杀更加激起群众的仇恨，促进农民走上革命的道路。

赣州于都桥头乡的群众即使在周围地区为敌所占时，也仍旧不怕威吓，孤军奋斗。赣南西河群众在严酷的烧杀下，深深地痛恨豪绅地主、靖卫团，他们坚持斗争，没有退缩，而且加深了对苏维埃政府和红军的信仰。这类事例说明，农民对中国共产党的主张及土地革命有较深的认同，敌人的围攻烧杀并未能改变他们的意志，更没有改变他们向党靠拢的决心与投身革命的意志。

苏区时期，是中国共产党历史上党群关系、干群关系最好的时期之一。党在组织上得到空前发展。红四军开辟中央苏区之初，赣南、赣西和闽西有党员6000余人；到中央苏区鼎盛时，

---

① 方志敏：《我从事革命斗争的略述》（1935年3月），载《方志敏全集》，人民出版社，2012，第38、39页。

▲于都桥头乡

党员总数已超过13万人，占当时全国党员总数的44%，占中央苏区人口总数的3%。坚决跟党走成了苏区人民的共识。

1926年，江西信丰人曾纪财和父亲曾传让一起组织农民协会，父亲当选主席，曾纪财担任文书，兼理日常工作。1928年，曾纪财加入中国共产党。当蒋介石向中央苏区发动疯狂“围剿”时，曾纪财广泛发动群众，动员一切力量支持反“围剿”战斗。在妻子牺牲后，他继续坚持革命斗争。1933年曾纪财调任代英县委书记时，由于当时受王明“左”倾路线的影响，他被无端打成“机会主义分子”，撤销职务，受到不公正待遇，但他并没有因此对革命消沉。在中央红军长征离开苏区、地方党组织和部队遭到破坏的形势下，他坚持四处寻找党组织和红军，风餐露宿，后与项英、陈毅率领的部队相遇，并带路把项英、陈毅送至信丰油山。曾纪财奉命回信康赣边界组织武装斗争。1936年2月，因叛徒告密，曾纪财不幸被捕。敌人对他施以酷刑，曾纪财也没有屈服，最后被敌人枪决，壮烈牺牲，年仅28岁。

上杭县才溪乡妇女代表王秋莲，常和广大妇女用山歌动员群众当红军，用歌声欢送一批批的热血青年上前方。“一送偓郎当红军，偓郎出去放乐心；家里一切偓会管，不要你来牵挂心。二送偓郎当红军，偓郎出去下决心；家庭观念要打破，一心一意杀敌人……”这是王秋莲时常唱的动员人们当红军的山歌。她不仅用山歌动员乡里、村里许多热血男儿当红军，还积极动员自己心爱的丈夫孙松发上前线。1931年的一天，孙松发壮烈牺牲。闻知噩耗，王秋莲悲痛不已，但她擦干眼泪，化悲痛为力量，拿起针线，使劲地把自己心中的爱全部纳进一双双红军

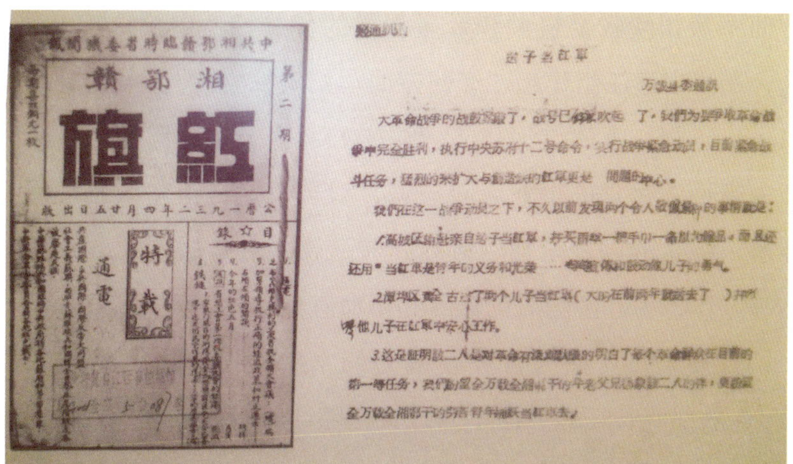
中共湘鄂赣临时省委机关报
湘鄂赣
红旗
第二期
公历一九三二年四月廿五日出版
目录
特载
通电

送子当红军

▲《红旗》刊登《送子当红军》的事迹

鞋，继续支援前线打敌人。在革命老区，“父送子、妻送郎、父子一同上战场”的故事，比比皆是。大多数人与王秋莲一样，亲手将自己的亲人送上战场，但最终没有等到亲人回来。亲人牺牲后，她们接过革命的接力棒，无怨无悔地支援革命，直至革命胜利。

## “临危不惧，血战到底”

1932年底，红四方面军入川，后开辟了川陕革命根据地。在党和红军的一系列解放妇女的政策、措施及启发下，川陕边妇女革命热情空前高涨。拥有4.2万平方公里、人口近600万的川陕苏区，有200多万名妇女，而参加苏维埃革命斗争的青壮年妇女，多达30万人。她们豪迈地登上政治舞台，打土豪、分田地，推举优秀代表，参加党政军群组织。基于妇女参与革命的汹涌热情，1933年3月，在反击敌人“三路围攻”中，红四方面军从川陕省委机关和众多报名的优秀妇女中挑选出400多人，在四川通江组建起“红四方面军妇女独立营”。从此，红军第一支正规妇女武装诞生了。这支妇女武装始终满怀对革命的壮志豪情，对党的事业无限忠诚，艰苦卓绝、出生入死地坚持斗争，担负战勤、运输、扩红，转运伤员、作战剿匪、架桥铺路等工作，为苏区的后勤保障和革命宣传做了大量工作。

后来，妇女独立营被改编为妇女独立团（后改编为独立师），随部队长征和西路军西进。在随西路军西进时，她们或战死牺牲，或不幸被俘、惨遭凌辱，或失踪不明，用鲜血和生命谱写了妇女运动史上的光辉篇章。“她们临危不惧，血战到底，表现了中国妇女的巾帼英雄气概。红四方面军妇女独立团的光辉业绩，将永彪史册。”曾任红四方面军总指挥的徐向前在其所著《历史的回顾》一书中对妇女独立团作出如此评价。

长征途中，每行进一公里就有三到四人牺牲，沿途人民群众源源不断加入红军，才使红军队伍在不断减员的情况下能够得到不断补充。长征途中，红军在沿途百姓家安置了大批不能随军行动的伤病员。红军离开后，地方反动势力卷土重来，“围剿”这些流散红军。沿途百姓不顾反动派制定的“窝匪同罪，株连全家；知匪不报，全保连坐”的高压政策，不顾个人安危，在极其危险的情况下救护红军伤病员和地方游击队员。

“炮火横飞普渡水，红旗直指金沙江。后闻金鼓诚为虑，前得轻舟喜欲狂。遥望玉龙舒鳞甲，会师康藏向北方”，这首红六军团军团长萧克在长征渡过金沙江后写就的《北渡金沙江》，既有红军胜利渡江的豪气，又有对群众帮助渡江的感激之情。

1936年4月27日中午，金沙江石鼓以北茨可一带，红五师十五团正在渡江，因为军马泅渡至江心时受惊，致使一艘小船翻沉，四五十位红军战士和一批军用物资不幸掉进激流中，第六师师长贺炳炎迅速组织抢救，对岸中甸金江船工彭凤翥父子迅速划船过来，奋力救起20多位红军战士；被红军从监狱解救的丽江茨可农民尹学富也划木筏赶来参加营救，救出一位连长和一位司号员。尹学富被红军从监牢救出来后，对他们心存感恩，他不仅为红军当向导带路，还找到2条木船和5个船工，不分昼夜帮助红军渡江。

据不完全统计，中央红军巧渡金沙江时，其中在皎平渡为红军划船的有37名船工，洪门渡有8名船工。1936年在石鼓至巨甸的7个红军渡口中，共有28名船工帮助红军渡江。当时中央红军，红二、红六军团，都遭到国民党军队的围追堵截，"过江则存，过江则胜"，这些船工冒着生命危险，打破"金沙不夜渡"的传统，夜以继日地将红军摆渡过江，使红军摆脱了几十万国民党军队的围堵。

抗日战争是伟大的人民战争，全民参战是其基本特征，军民团结是其胜利之本。戎冠秀，河北平山人，担任下盘松村妇救会会长，整日为抗日、支前奔忙，并带头送3个儿子报名参军，被誉为"子弟兵的母亲"。1943年，在日寇进山"扫荡"时，邻村的担架队抬着一名八路军伤员来到下盘松村。戎冠秀看到这个战士伤势很重，已经不省人事，她赶紧端来一碗热饭汤，拔下头上的簪子，撬开伤员紧咬的牙关，用小铜勺一勺一勺地把饭汤灌了下去。当伤员苏醒后，敌人又进山"扫荡"来了，情况非常紧急，戎冠秀和担架队将伤员转移到村外远处一个山沟里。担架队走后，她让这个伤员踩着自己的双肩爬上山崖，把他隐藏在一个山洞里。日寇走了，她就在洞口站岗放哨，常常冒着生命危险下山进村弄些吃的喂养伤员，照顾得体贴周到。伤员感动地说：“大娘，是你救了我的命，你比我的亲娘还亲，你是我的再生父母，我就叫你亲娘吧。”几天后，这个伤员被送到八路军后方医院。临走时，他含泪攥住戎冠秀的手说：“亲娘呀，我永远忘不了您的救命大恩！”

## 第三节
# "什么力量也打不破"的"铜墙铁壁"

革命战争年代，革命意味着九死一生，意味着骨肉分离，意味着流血牺牲。面对险恶的革命环境和困苦的生存条件，老区人民没有被吓倒，而是抱着"万众一心，冒着敌人的炮火前进"的坚定决心，抱定血战到底、百折不挠的信念，支持党和军队的事业，书写下可歌可泣、荡气回肠的壮丽篇章。无论是面对硝烟弥漫的战场，还是面对敌人的刑场，老区人民都保持着敢于担当、勇于胜利的优秀品质，成为真正的、什么力量也打不破的"铜墙铁壁"。

## “死也要死在红军里”

1934年5月，国民党反动派进犯陕甘边区革命委员会驻地寨子湾。此时，红二十六军主力转入外线寻机歼敌，南梁中心苏区仅有地方干部、政治保卫队和游击队驻守，无法抵御敌人的重兵进攻。红二十六军转入外线作战时将全军全部家当，包括各种枪械60余支、子弹两毛口袋（五六千发），马鞍、马镫40套，当地群众给部队捐献的2000个鸡蛋、制造子弹的大板铜圆一大筐和10余石粮食等，都存放在阎家洼子村。阎家洼子村的群众在边区革命委员会带领下，将红军物资埋放起来。第二天，敌人将附近村庄的干部、游击队员、农民群众集中在一起，施以酷刑，威逼他们交代红军物资去向和陕甘边区党政军的情况。任凭敌人百般折磨，他们始终咬紧牙关，严守革命机密。最终，42名红军战士、游击队员和进步群众被国民党反动派残酷杀害，敌人仍旧一无所获。

长征途中，敌军的围追堵截和险恶的自然环境，数度置红军于绝境，是沿途群众冒着生命危险支持中国共产党，如参加红军、给红军带路、救治红军伤病员、提供物资等。红军有了深厚的群众基础，得以打破国民党及地方军阀优势兵力的围追堵截，转危为安。强渡乌江时，百姓给红军当向导、当挑夫。安顺场8位连姓名都未留下的船工与红军17名战士一起，冒着敌人的炮火强渡大渡河。红军过茫茫松潘大草地时，当地一位60多岁的藏族通司（向导）带领红军在水草地行军四天四夜，开辟了一条可以让红军大部队通过的生命线。红军长征途中，所到之处不少百姓参加到革命队伍中来。1936年，贺龙、王震等人率领红二、红六军团抵达贵州毕节。进城之后，红军很快组织“打土豪”，周素园家作为大户，宅院颇为高大，红军却在他家发现大量马列书籍。情况很快报到王震那里。随即，王震和夏曦亲自登门拜访周素园。对于周素园来说，他本来就对共产党和红军心向往之，只是一直无处找寻，于是很激动地迎接了红军将领。在贺龙以川滇黔省革命委员会主席的名义诚心邀请下，周素园出任贵州抗日救国军司令员，并在家门口挂出牌子。一时间，黔西地区的反蒋抗日武装纷纷前来归附，人数很快突破千人。其间，红二军团政委任弼时请他给驻威宁的云南国民党军纵队司令孙渡写信，劝他不要与红军为敌。后来，孙渡在威宁、昭通按兵不动，固然出于利害考虑，但其中也有周素园的影响。这种态势，让红军得以集中主力对付正面来的敌人，并在毕节停留20天进行休整补充。

当红军离开毕节踏上征途后，军团领导考虑到周素园年龄较大，在接下来的转战过程中危险极大，建议安排他到香港从事统战工作。然而，周素园坚决不同意去香港，坚定地表示“死也要死在红军里”，坚持以57岁高龄随红军长征。周素园抵达延安以后，毛泽东曾多次写信并看望周素园，称赞他“是我们的一个十分亲切而又可敬的朋友与革命的同志”。

渡江战役的胜利是老百姓用小船划出来的。1949年4月20日，毛泽东、朱德发布向全国进军的命令，吹响了“打过长江去，解放全中国”的伟大号角，渡江战役正式打响。安徽无为县的老百姓挑米担柴、修路挖沟、征集船只，忙着为支前做准备。14岁的马毛姐也想着为解放军做点事。一天，她看到一张征集民船的布告，高兴地和大哥瞒着父母报了名，但因为年龄太小没被批准。马毛姐没有气馁，她坚持道：“我不怕死，我从小在这里长大，这里的江水我特别熟悉，我会掌舵，我会划船！”在马毛姐的坚持下，当晚，她和哥哥划着船，与其他3只船组成渡江突击队向长江南岸进发。临到岸边，暗堡中的机枪吐出火舌。马毛姐为突击队员带路，迂回炸毁暗堡，扫清“拦路虎”。之后，她又返回，6次横渡长江，运送3批解放军成功登陆。战役结束后，马毛姐被授予“一等渡江功臣”和“支前模范”荣誉称号，她家的渔船也被称为“渡江第一船”。

渡江路上，有千万个“马毛姐”，他们可能是男人也可能是女人，可能是老人也可能是少年。他们为支持解放军“打过长江去”，摇出藏在芦苇中的船，打捞出沉入江底的船，即使明知自己划船时可能会暴露，成为敌人首先打击的对象，但为了解放

獎狀

皖青獎字第　號

青年團員馬毛姐在渡江戰鬥中積極工作，虛心學習，團結羣衆，克服困難，有顯著成績，特發給獎狀，以資鼓勵。

此狀

中國新民主主義青年團安徽省工作委員會

一九五三年一月一日

◀嘉奖马毛姐的奖状

军“解放全中国”这一目标，他们无所畏惧，勇于担当，最终用小船将部队送过长江，帮助解放军打了胜仗，解放了全中国。

## “捐躯赴国难，视死忽如归”

革命战争年代，无数革命先烈对崇高的理想信念坚贞不屈、矢志不渝，在生死考验面前赴汤蹈火、视死如归。

黄麻起义时，担任赤卫队队长的程儒香首先将红旗插上黄安县城楼。后来，他不幸被捕，敌人对他施以酷刑，但他毫不屈服。母亲前来探望他时，昏迷中的他用微弱的声音对母亲说：“娘，我死后叫乡亲们继续干！最后的胜利一定是我们的！”程儒香受尽折磨后壮烈牺牲，年仅30岁。在整个革命历史进程中，像程儒香这样不怕牺牲的英烈并不是个例。在极其艰苦的斗争形势之下，面对敌人各种惨无人道的酷刑和威逼利诱，坚韧不拔的精神和矢志不渝的信仰激励着群众跟着共产党奋勇向前。

“捐躯赴国难，视死忽如归。”面对侵略者的屠刀，中国人民以“天下兴亡、匹夫有责的爱国情怀，视死如归、宁死不屈的民族气节，不畏强暴、血战到底的英雄气概，百折不挠、坚忍不拔的必胜信念”，以铮铮铁骨战强敌、以血肉之躯筑长城、以前仆后继赴国难，谱写了惊天地、泣鬼神的雄壮史诗。

马本斋是抗日战争时期八路军冀中军区回民支队的创建人，抗战英雄。他率领回民支队驰骋在冀中平原，英勇善战，威名远扬。

1937年至1944年，马本斋指挥部队同日伪军作战，进行大小战斗870余次，歼灭日伪军3.6万余人，令敌人闻风丧胆，被毛泽东誉为“百战百胜的回民支队”。回民支队在冀中平原被称为“打不垮、拖不烂”的铁军。日本侵略者对其恨之入骨，采取各种手段企图消灭回民支队，逼迫马本斋投降。1941年8月27日，日伪军包围冀中献县东辛庄，采用拷打和屠杀的办法，威逼群众交出回民支队司令员马本斋的母亲白文冠。许多人被打得死去活来，仍守口如瓶，当场数人被杀。白文冠不忍看到乡亲们受害，挺身而出。敌人把马本斋母亲抓走后，威逼她写信劝儿子投降，但马母坚贞不屈，痛斥日军的罪行，揭穿敌人的阴谋。为了让儿子不受胁迫，白文冠绝食7天，壮烈牺牲。得知母亲牺牲的消息，马本斋强忍悲痛写道：“伟大母亲虽死犹生，儿承母志，继续斗争！祖国就是我的家，党就是我的母亲，为了他们，我决心献出我的一切！”马本斋逝世后，朱德题写挽联“壮志难移汉回各族模范，大节不死母子两代英雄”，赞誉其母子。

在革命战争年代，参军意味着什么？意味着随时可能流血、牺牲。在3年多的解放战争中，人民解放军由战争之初的不到130万人发展到1949年取得根本胜利时的500万人，增加了近3倍。“万一我遭敌人逮捕，无论他用啥酷刑，至死也绝不出卖同志。”这句话是艾永生的革命誓言。艾永生是四川遂宁人，自幼丧父，靠打短工为生。从小被压迫、被剥削的悲惨生活，使年轻的艾永生疾恶如仇。1947年，随着解放战争形势的快速发展，国民党统治开始走向崩溃，全国各地积极准备迎接解放。艾永生目睹了共产党领导开展的“抗丁、抗粮、抗税”斗争，认识

▲朱德为马本斋题写的挽联

到只有在共产党的领导下，积极进行革命斗争才是彻底改变被压迫、被剥削的根本出路。经过组织教育培养和革命斗争的锻炼，艾永生加入中国共产党，成为一名革命战士。

1949年8月，国民党为巩固大西南，企图作困兽之斗，遂宁、蓬溪等县国民党特务对武工队开展大规模"清剿"行动。在转移过程中，艾永生被抓获。敌人为了尽快获得更多情报，以期一举将武工队全部抓住，当着艾永生家人和老百姓的面，对其进行疯狂的刑讯审问。尽管敌人使用灌辣椒水等惨绝人寰的酷刑，将艾永生折磨得遍体鳞伤，但他始终没有透露关于武工队的一丝情报。几天后，国民党以“土匪”罪名将艾永生枪杀。年仅23岁的艾永生，用生命践行了他的誓言和作为老区革命者的担当。

在变幻莫测、随时面临生死考验的环境中，老区人民不惧任何敌人，勇挑革命重担，展现了老区人民为革命事业敢担当、善斗争的精神风貌。

## “人民子弟兵”

“子弟兵”一词，是人民对自己军队的亲切称呼，这个称呼出自聂荣臻当年领导的晋察冀抗日根据地。

全民族抗战时期，中国共产党及其领导的武装力量团结和凝聚广大人民群众积极投身到抗战中来。1937年11月，晋察冀军区司令员兼政治委员聂荣臻在晋（山西）、察（当时的察哈尔省）、冀（河北）三省边界地区，创建了第一个敌后抗日根据地。建立根据地后，聂荣臻立即着手扩大人民武装力量。晋察冀军区成立后，晋察冀边区人民群众就踊跃参加党领导的武装力量，数月内军区兵力由最初的不足3000人扩充到数万人，一年后已达近10万人。当时在晋察冀，出现了不少带有地域色彩的部队名称，如“阜平营”“回民支队”“平山团”等。在晋察冀抗日根据地，聂荣臻首次用“子弟兵”一词称呼党领导下的人民武装力量。1939年5月，聂荣臻发布通令，嘉勉平山团作战英勇，屡立战功，称其是“捍卫民族、捍卫边区和捍卫家乡的优秀的平山子弟兵”。这是“子弟兵”一词首次被用来称呼党领导下的人民武装力量。后来,“人民子弟兵”这5个大字,成为人民对党领导的革命武装的亲切称谓,一直沿用至今。

之所以叫“子弟兵”,是因为边区武装力量绝大多数是边区人民的子弟,同边区人民有着密切的血肉联系,参加革命的任务是保家卫国、保卫人民生命财产安全,担负的任务和群众的切身利益紧密结合在一起。他们以牺牲小我成全大我的英雄气概感染了无数边区群众参加革命,不仅得到人民的支持,还把人民群众充分发动起来。聂荣臻将这视为晋察冀抗日根据地从小到大、由弱变强、不断巩固发展的奥秘所在。

“子弟兵”这个称呼之所以很快就能家喻户晓,是因为它深受人民群众和人民军队指战员的喜爱,是因为它饱含着人民军

▲老百姓给八路军送水和食物

队和老百姓之间同呼吸、共命运的鱼水深情，是因为它深刻地诠释了中国共产党领导下的人民武装来源于人民、根植于人民的新型军民关系。1940年春，著名民主人士李公朴到晋察冀考察之后，撰写了《华北敌后——晋察冀》一书，他在书中称颂道："子弟兵是老百姓的儿子，坚决打鬼子的抗日部队的兄弟，是在晋察冀生了根儿的抗日军。"

抗日战争时期，老区人民以自己的血肉之躯、气吞山河的气概，筑起坚不可摧的铜墙铁壁。抗日战争的胜利，是全民族抗战的胜利，也是人民战争的胜利。隘峪口有位老太太送她16岁的孤孙参加子弟兵，村长因见她家只有两口人，就劝她将孙子带回去，她坚决不肯，还说："子弟兵是保家乡的，他在家也保不定要让鬼子杀了，我叫他去打鬼子，保住家乡吧！"平山团子弟兵王家川英勇牺牲后，又有一个叫王三子的年轻人报名参加子弟兵，并说："俺是来补我哥哥王家川的名字的，俺哥哥牺牲了，俺没有名字，就叫王家川吧。"当登记人员告诉他战斗英雄王家川已经登入烈士表，要求他另填名字时，王三子坚定地说："一定得叫王家川，如果有一天我和日本鬼子拼了，我的弟弟来补我的名字，还要叫王家川呢！"

"未惜头颅新故国，甘将热血沃中华。"老区人民为民族解放、国家独立，毅然决然地捐躯赴难、视死如归，付出了巨大的牺牲。据统计，抗日战争时期，中国平民伤亡800人以上的惨案有173件。中国军民伤亡3500万人以上，其中军队伤亡380余万人，其余大多数都是普通群众。中国人民付出的巨大民族牺牲，不仅对日本法西斯的彻底覆灭起到决定性作用，而且对各国人民夺取反法西斯战争的胜利、维护世界正义与进步的事业产生了深远影响。

老区人民用生命和热血挺起民族的脊梁，谱写了感天动地、气壮山河的壮丽史诗，书写了战争史上的奇迹，老区人民的巨大牺牲与奉献永远镌刻在中国共产党的历史丰碑上。正如习近平总书记所说，人民是历史的创造者，是真正的英雄。中国共产党根基在人民、血脉在人民、力量在人民。

# 老匠何以不老

第四章

# 奋斗与创新：“敢教日月换新天”

奋斗与创新，展现了老区人民顽强拼搏的精神面貌和为改变命运“敢教日月换新天”的英勇斗志。2012年12月，习近平总书记在河北阜平考察时强调:“有革命老区群众不怕苦、不怕难的精神，有革命战争年代那样一股劲，在上级党组织和社会各方面帮助和支持下，革命老区一定能够完成脱贫致富的历史任务，让革命前辈含笑九泉，让他们的革命理想得以实现。”在革命战争年代，无论是国民党反动派的白色恐怖，还是日本帝国主义的血色残暴，都挡不住老区人民坚定不移跟党走的红色激流。老区人民在党的领导下，始终保持着高昂的斗志和奋勇向前的艰苦奋斗精神，使得革命事业在困境中求得生存发展，在艰苦的条件下走出一条创新发展的道路。

# 第一节
# “不怕苦、不怕难”

新民主主义革命时期，国民党反动派和日本帝国主义先后对中国共产党和革命根据地进行疯狂的军事“围剿”、“扫荡”、经济封锁，老区人民面临着异常艰苦的生存环境。艰难困苦的革命环境不仅没有难倒老区人民，反而进一步磨砺了他们的精神和意志。老区人民展现出不怕苦、不怕难的精神本色，坚韧不拔、百折不挠的意志，艰苦奋斗、顽强拼搏的执着，以革命必胜的信心和力量，敢于挑战一切艰难困苦，勇于战胜一切难关，最终取得新民主主义革命的胜利，开辟了中国历史的新纪元。

## 百折不挠勇向前

新民主主义革命时期，面对残酷的斗争环境，在党的领导下，老区人民以不畏艰险、百折不挠、自强不息的顽强斗志，给艰苦奋斗精神赋予了在极端困难条件下坚定信仰、不畏强敌、浴血奋战、敢于牺牲的鲜明特点。在革命战争年代，老区人民在敌人严密封锁、烧杀抢掠、吃穿都难以为继的情况下苦干苦斗，迎难而上，愈斗愈勇。

2016年2月，习近平总书记在井冈山考察调研时指出:“当年，井冈山条件十分艰苦，国民党军队反复进攻和严密封锁，军民面临的处境极为困难。就是在这样的条件下，我们党领导人民不畏强敌、不畏艰难，开辟了第一个农村革命根据地，取得了多次反‘进剿’、反‘会剿’的胜利。”

井冈山斗争时期，国民党军队反复进攻和严密封锁，使得根据地食盐、布匹、药材等必需品十分匮乏，井冈山军民只能靠南瓜和茄子甚至野菜充饥。“敌军围困万千重，我自岿然不动。早已森严壁垒，更加众志成城。”在人民群众的支持下，红军保持着顽强的战斗力，取得了一次又一次的胜利。

条件越是艰苦，老区人民的革命斗志越昂扬，更在斗争中展现出不怕苦、不怕难的精神本色。从1929年10月至1930年10月，赣西南地区的群众在党的领导下，先后9次随同红军攻打吉安，毛泽东的《减字木兰花·广昌路上》一词中称“十万工农下吉安”，正是对该地区革命群众积极参与革命的描写。从提出“打到吉安去”的口号开始，攻打吉安就得到了群众的热烈支持和响应，“不仅是有了斗争的区域热烈的起来了,就是向来在犹豫中的村庄,也自动组织农协,要求加入打吉安的工作”。[①]在攻打吉安的过程中，群众共牺牲了近一万人，没有哪一个有怨恨，“被白匪烧了的房子，亦有很多，不但不怪红军，苏维埃，共产党，而且很痛心的怀恨反动派”。[②]群众更是下定决心要打下吉安。因此，攻打吉安可以说是党领导下的群众武装斗争的一项壮举。1930年10月3日，红军第9次攻打吉安，各路红军按照作战部署向吉安城发起总攻，赣江东岸的群众武装也同时响应，阵地上遍地红旗招展，军号齐鸣，杀声震天。10月5日清晨，红军大部队和地方武装在全城人民热烈欢迎下进驻吉安城。10月7日，红一方面军前委与赣西南特委在吉安城内的中山场召开了有10余万群众参加的“庆祝吉安暴动胜利大会”，毛泽东、朱德在会上作了讲话，会上宣告成立全国第一个省级苏维埃政府——江西省苏维埃政府，曾山任主席。

“九打吉安”不是一场孤立的战斗，是坚持党的群众路线，发动群众、依靠群众成功的典范。这场长达一年之久的大规模武装斗争，离不开群众的积极配合以及参与。正如朱德的《忆攻打吉安》诗中所写：“八打吉安未收功，四面包围群众中。红

---

①《红军第六军的报告——关于夺取吉安工作之准备、经过，及环境转变后的工作路线》（1930年1月12日），载中共江西省委党史研究室等编《中央革命根据地历史资料文库：军事系统》9，中央文献出版社、江西人民出版社，2015，第211页。

②《赣西南（特委）刘士奇（给中央的综合）报告》（1930年10月7日），载《中央革命根据地史料选编》上册，江西人民出版社，1982，第351页。

军速到声威震，一克名城赣水红。”在“九打吉安”的过程中，广大红军指战员及工农群众表现出的那种百折不挠、勇往直前、舍生忘死的大无畏的革命精神，是革命最终能够取得胜利的重要精神力量。

在抗日战争时期，面对敌人的强大军事威力和疯狂进攻，老区人民没有退缩，而是在中国共产党的领导下，奋起抵抗，以高昂的战斗姿态迎接敌人的进犯。他们采取游击战的战术战法，充分发挥人民战争的威力,有效打击了敌人，扩大了敌后抗日根据地。在晋西北，令路透社记者莫里斯·武道颇有感触的是，他亲眼看见在与日军作战时，不仅八路军对敌作战勇猛，就连每个普通的群众都有强烈的抗战意志。他在《我从陕北回来》一文中写道:“在晋西北，有些区域离敌人只有几英里远，人们所感触到的就不是政治，而是每一个男人、女人、小孩子和士兵要和敌人斗争的强烈的愿望”，“老百姓用各种的方式和军队合作，帮助看护和撤退受伤的士兵。他们也独立地攻击敌人坚强的据点，在许多场合，他们在村庄的周围埋下如此之多的地雷，使敌人不敢走进去”。

在共产党和八路军的领导下，山东省莒南县板泉镇渊子崖村许多青年参加了八路军，还成立了青年抗日先锋队、儿童团、自卫队等。渊子崖村成为敌人的眼中钉、肉中刺。1941年12月20日凌晨，1000多名日军包围并架炮进攻渊子崖村。面对穷凶极恶的侵略者，312名自卫队员和全村老幼妇孺，利用村围墙，拿起土枪、土炮、铁锨等英勇抗击敌人进攻。激战一上午，日军也未能突破围墙。午后，日军又一次发起强攻并攻破围墙。

村民们边打边撤，用笊钩、铁锨、菜刀、锄头同敌人展开了惨烈的巷战、肉搏战，一直激战到傍晚，直到八路军和区武工队赶来，为渊子崖村民解了围。在渊子崖保卫战中，渊子崖村民被日军杀害147人，伤400余人，但日伪军也付出了伤亡154人的沉重代价。敌人退却后，渊子崖村民仅作了一天时间的短暂休整，便以更高热情投入抗战中去。为颂扬渊子崖人民的英雄业绩，毛泽东亲自在延安《解放日报》上撰文，高度评价该村是"村自卫战的典范"，渊子崖因此被誉为"中华抗日第一村"。渊子崖抗日自卫战是老区人民守护家园、祖国和民族的见证，也是老区人民不屈不挠、浴血奋战的精神展现。

全民族抗战的八年中，抗日根据地的民兵参加战斗174万人次，作战29.6万多次，歼敌10余万人。老区军民在困境中绝不退缩、在逆境中绝不屈服，经受住了无数苦难的考验，表

▲矗立在渊子崖村北部的烈士纪念塔

现出视死如归、坚贞不屈的革命气节和拖不垮、打不烂的坚韧品格。14年的抗日战争中，党紧紧依靠老区人民开辟了广袤的敌后战场和抗日根据地，领导八路军、新四军、东北抗日联军和其他人民抗日武装英勇作战，取得中国人民抗日战争的最后胜利。

老区人民艰苦奋斗、自强不息的顽强斗志，是中国革命取得胜利的精神密码。正因为老区人民发扬艰苦奋斗精神，与党共克时艰，以"万水千山只等闲"的豪迈气概战胜了各种艰难险阻，最终取得了新民主主义革命的伟大胜利。党和老区人民在艰苦斗争中展现出的创造力、生命力、持久力，是发扬百折不挠精神而迸发出的精神力量。在党的领导下，老区人民艰苦奋斗，敢于斗争，善于斗争，改变了自己的生活，也创造了历史。

## 红旗始终不倒

红旗始终不倒体现的是老区军民革命到底的坚定信念、矢志不渝的革命信仰。艰苦的斗争环境给老区军民的生产生活造成极大的困难。从井冈山到宝塔山，老区人民横下一条心跟着共产党闹革命、打天下，为共产主义理想英勇奋斗，至死不渝。

2016年4月，习近平总书记在安徽金寨考察调研时指出，鄂豫皖苏区能够28年红旗不倒，新四军能够在江淮大地同敌人奋战到底，刘邓大军千里跃进大别山能够站住脚、扎下根，淮海战役能够势如破竹，百万雄师过大江能够气吞万里如虎，根本原因是我们党同人民一条心、军民团结如一人。正如毛泽东所说，"战争的伟力之最深厚的根源，存在于民众之中"。在人民群众的支持下，党和人民军队获得了伟大的力量。

红旗不倒是大别山革命斗争的主要特点。从建党之初起，大别山人民就一直凭借坚定的革命信仰和对中国共产党的热爱，积极参与和支持共产党领导的武装斗争。

大别山地处国民党统治的腹心地带，是国共反复争夺、“拉锯”的重要战略区。历史上曾有过革命武装主力的“四进四出”，每一次人民军队的主力转移后，反动势力都对当地群众进行疯狂的报复，谁家住过红军，就把房子一把火烧掉，谁给红军带过路，借过东西，甚至与红军讲过话，都会被杀。据有关资料记载，国民党军占领鄂豫皖苏区以后，喊出了“血洗大别山”的口号，对该苏区实行灭绝人性的“三光”政策。1935年，在大屠杀告一段落后，湖北有4个县，安徽有5个县，河南有3个县几乎人口灭绝。这种报复一次比一次残酷，使大别山人民心理上遭受极度煎熬。其他革命根据地虽都经历过艰苦的对敌斗争，但都没有像大别山这样在长达20多年的斗争中经历革命武装“四进四出”的“拉锯”状态。这对群众心理的影响是巨大的。李先念曾就此指出，这种情况使老百姓不能不怕，特别是“回头怕”，想起来是要战栗的。

红二十五军长征后，大别山的革命斗争环境更加险恶。但是，大别山军民的革命斗争并没有停止，党的组织不散，老区人民的武装斗争不断。以高敬亭为代表的中国共产党人紧紧依靠人民群众，抱定必胜信念，在大别山与国民党反动势力反复周旋，钻山洞、住草棚，吃糠咽菜、风餐露宿，他们过着难以想象的艰苦生活。但是他们不屈不挠，与群众同甘共苦。“树也砍不完，山也烧不尽，只要青山在，到处有红军……”“一颗红心拿不去，头断血流不投降！”数十万大别山儿女前赴后继，没有被敌人的暴行吓倒，没有被眼前的困难征服，展现出革命到底的坚定信念。

被乡亲们称为“大别山的儿子”的刘名榜，坚持革命斗争20余年，他所领导的游击队一直得到人民群众的支持和掩护。刘邓大军千里跃进大别山后，刘伯承、邓小平亲切接见刘名榜等99名游击队员。刘名榜把在大别山坚持斗争的情况向刘伯承和邓小平作了汇报。邓小平既高兴又严肃地说：“对，我们离了党的领导，活不成！离开了人民，离开了枪杆子，更活不成！”①

曾担任宁德地委书记的习近平同志在《摆脱贫困》一书中写道：“我们福建的革命老前辈叶飞、曾志、范式人等同志过去打游击的时候，经常是在畲族山村、畲族的老乡家里度过的。畲族群众有坚定的革命性。有一位同志告诉我，在革命年代，闽东畲族的同志没有一个叛变，这是非常了不起的。”

在南方三年游击战争最艰苦的阶段，国民党实行频繁的军事“清剿”和经济封锁，企图把红军游击队困死、饿死。闽东红军游击队在当地党组织全力支持下，与畲族等各族群众同甘苦、共患难，在崇山峻岭和茅草密林中风餐露宿，艰苦备尝，坚持闽东地区的革命斗争。曾任中共闽东特委书记、闽东军政委员会主席兼红军闽东独立师政委的叶飞回忆：闽东党很早就重视民族政策，注意在畲族中进行宣传和组织工作。畲族群众

① 唐云峰主编《追寻小平足迹》，中央文献出版社，2015，第186页。

有许多人参加了红军游击队并成为骨干。国民党为隔绝畲族群众与共产党联系，实施“移民并村”，放火把畲族世世代代形成的村庄烧毁，强制规定外出向保长报告，出门只准带一顿饭，到处设立岗哨，妄图把红军游击队困死在山上。聪明智慧的畲族群众与敌人斗智斗勇，利用闽东山区隐蔽的山洞搭盖茅草屋，创造了“红军洞”和“秘密寮”（隐蔽小屋），这也成为闽东党政军机关的“办公室”、红军游击队的“掩蔽点”、伤病员的“疗养院”和开展游击战争的“联络点”。1934年12月，闽东妇女工作团干部吴鸿琴遭敌军围捕，畲族阿妈钟淑兰冒着生命危险将她隐藏半年，然后将她打扮成畲族姑娘安全转移。1935年1月，畲族少年雷石祥为了掩护红军游击队，故意将敌军领到错路上，自己从悬崖跳入将军潭，英勇牺牲。畲族村民蓝其妹经常用化装、认亲等办法，掩护在她家里治病养伤的红军战士，节衣缩食，为山上红军送粮。叶飞特别强调畲族群众的重要作用，他说在闽东三年游击战争最艰苦的年代，畲族人民的作用是很大的，“我们在山上依靠畲族掩护才能坚持”。①

位于海南岛的琼崖革命根据地远离大陆和主力部队，琼崖党组织曾两次长期与上级“失联”，在敌人实行“封锁”“围剿”的恶劣而残酷的环境中，琼崖人民仍然坚定革命的理想信念，坚持孤岛奋战，保存革命火种，最终创造了“二十三年红旗不倒”的革命奇迹。这种奇迹与人民的支持分不开。琼崖特委书记冯白驹有句名言：“不是山藏人，而是人藏人。”这句富

---

①《习近平讲党史故事》编写组编《习近平讲党史故事》，人民出版社，2021，第64—66页。

有深刻哲理的肺腑之言，指明只有人民才是革命者的钢铁长城。有了人民的支持，有了群众的拥护，革命者就能如鱼得水，能在敌人面前游走自如。在以冯白驹为首的琼崖特委的正确革命路线的指引下，海南的革命群众，不但“人藏人”，为琼崖的革命力量打掩护，而且经常踊跃参军，支援部队。冯白驹与特委成员们发动群众参军是全面的广泛的，有正规部队，也有民兵，甚至发动广大“被压迫在最底层”的妇女参军，组成闻名全国的“红色娘子军”。她们巾帼不让须眉的气概，至今仍被传颂。

1935年红军撤出川陕苏区后，“还乡团”卷土重来，疯狂追杀、关押乡苏维埃干部及红军亲属。老区人民到处传唱着“纵死也要当红军”“一心革命莫退后”“铁树总会把花开”等歌谣，坚守着革命必胜的信念。正是千千万万的老区人民始终坚定不

▲海南琼海红色娘子军纪念园

移跟党走，百折不挠勇向前，党在他们的支持下才赢得了革命胜利。

## “野菜很苦，但有丰富的政治营养”

在艰苦的斗争中，在恶劣的条件下，老区军民始终保持革命乐观主义精神，充分展现了老区军民不屈不挠的革命意志。

井冈山斗争时期，条件艰苦，物资匮乏。在井冈山上曾流传着“吃苦菜”的故事。有一次，毛泽东来到步云山练兵场，发现战士们闹情绪，经了解，原来是部队缺粮食，挖来的野菜又太苦，实在难以下咽。毛泽东二话没说，端起碗夹着野菜便大口地吃起来。他一边吃一边说：这种野菜是很苦，可是有丰富的政治营养，吃了它，干革命就不怕苦了。战士们听了都深受感动。“野菜很苦，但有丰富的政治营养”，这是中国共产党领导根据地军民在面对艰苦条件时表现出的革命乐观主义精神的形象写照。当时井冈山盛传着一首歌谣：“红米饭，南瓜汤，秋茄子，味道香，餐餐吃得精打光。干稻草，软又黄，金丝被儿盖身上，不怕北风和大雪，暖暖和和入梦乡。”寒冬腊月，战士们睡觉没有被子盖，大家就在地上铺一层厚厚的稻草，身上再盖一层厚厚的稻草，乐观的红军战士们称之为“金丝被”，盖着它“暖暖和和入梦乡”。

为解决山上粮食短缺的问题，红军们只好将山下根据地征集到的粮食挑上山。老红军杨至诚回忆井冈山挑粮时说：“……来到半山上的人越来越多了，有的同志在唱歌，有的同志在互相攀手劲；也有的同志把汗湿的衣服脱下来晾一晾，他们的背上有的磨起了红块，小泡大泡，而他们毫不在乎地说：'不要紧，起点泡算什么？我们在枪林弹雨中都不怕，还怕这点泡泡！'这是多么英勇顽强的气概啊！有的同志还编了顺口溜：挑谷上坳，粮食可靠，为着伤员，不怕起泡。休息过后，挑粮的队伍继续爬上山了，有的挑着箩筐，有的背着口袋，也有的把粮食装在裤腿里，挂在脖子上……真是各色各样。同志们行走在弯弯曲曲的山道上，好像一个长蛇阵。歌声嘹亮，震荡山谷，有人说：'我们打仗能爬山，挑谷也能爬山；不管山多高，还是要赛跑。'胡少海同志说：'我们今天挑粮食等于打仗，我们又胜利了！'"①每当运粮队伍从柏露村走到黄洋界大树休息时，将士们虽大汗淋漓，却格外高兴，有的老战士还编了快板，唱起来了：朱军长挑粮过黄洋，毛委员在茨坪昼夜操劳，全军团结齐心革命，胜利在望必定牢靠！这些都充分反映了红军官兵面对困难的革命乐观主义精神。

中央红军主力长征以后，敌人为了彻底消灭南方各游击区的红军武装，调动数十倍于红军游击队的正规部队和地方保安团队对红军游击队进行大肆"清剿"。大部分的苏区被占领、被截断，各游击区不得不各自独立作战，红军游击队又以最劣等的武器与拥有精良武器、数量数十倍于己的国民党正规军作战。可以说，当时游击战争环境之险恶、斗争之酷烈、生活之艰辛，在中国革命史上都是罕见的，其艰苦性不亚于红军长征。陈毅多次感慨地说："三年游击战争，是我一生中经历的最艰苦的

① 陆景川主编《杨至诚诗文集》，贵州人民出版社，2003，第44—45页。

战争。”[1]当时，国民党军对游击区进行了严厉的经济封锁，给红军游击队造成了很大的困难，他们长年累月被围困在深山密林里，过着“天当被、地当床、草为粮”的生活，衣食住行得不到保障，特别是冬天严寒、风雪很大，游击队队员只好吃竹笋和草根。项英曾经饿过3天，没有吃任何东西。陈毅《赣南游击词》写道：“野营已自无篷帐，大树遮身待晓明。”“叹缺粮，三月肉不尝。夏吃杨梅冬剥笋，猎取野猪遍山忙。捉蛇二更长。”“粮食封锁已三月，囊中存米清可数。野菜和水煮。”尽管

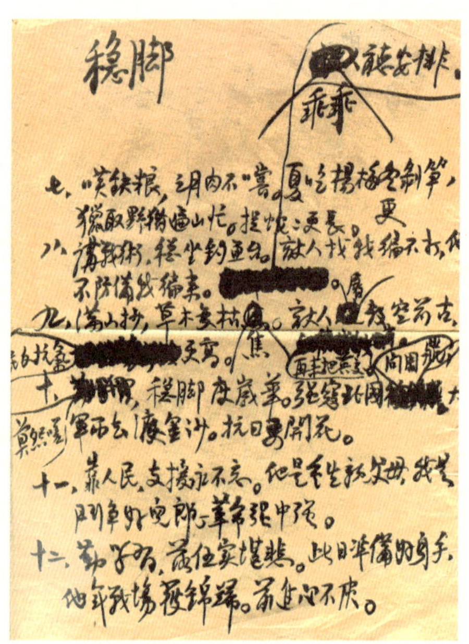
稳脚

七、叹缺粮，三月肉不尝。夏吃杨梅冬剥笋，猎取野猪遍山忙。捉蛇二更长。

▲陈毅《赣南游击词》手迹

① 陈毅：《新四军产生的最近历史——南方三年游击战争》，载中国人民解放军历史资料丛书编审委员会编《南方三年游击战争·综合篇》，解放军出版社，1994，第576页。

生活艰苦，环境险恶，然而游击区军民以坚定的革命信念、永不放弃的革命乐观主义精神，胜利地度过了这段漫长的艰苦岁月。

但即使是在这样艰苦的条件下，红军官兵也不忘加强学习和党性教育。时任赣粤边特委副书记的杨尚奎回忆道："我们也很注意学习，一有重要时事问题，就组织讨论。就是书太少，一本《共产主义运动中的"左派"幼稚病》和一本《列宁主义问题》，翻得破破烂烂，大家把它当宝贝，封面裱了又裱，里面补了又补，行军的时候抢着背，住下的时候抢着读。很多时间是组织讲故事。讲故事能手要数陈毅同志。他的故事真多，永远讲不完。讲起故事来，还联系实际，加以阐说，真是有声有色。战士们常常给他吸引得忘却了时间，不断要求他：'再讲一个。'游击队的生活既紧张也愉快，只要情况允许，终日歌声不断。除了少数中央根据地来的同志唱唱兴国山歌，主要是唱本地的山歌，很多人唱采茶戏里的爬山调是非常出色的，而大家经常唱的是《十二月革命歌》。"①

抗日战争时期，延安的物质生活十分艰苦，根据地的干部、战士以野菜、野果充饥，但大家毫无怨言，始终保持旺盛的革命斗志。他们到野外采集野菜时，还自编自唱着这样一首歌："野菜野果，充饥解渴；自生自长，天然粮仓；艰苦奋斗，打败日寇。"②

艰苦的环境激发了人们的豪情壮志，培育了真正的革命乐

---

① 杨尚奎：《艰难的岁月——杨尚奎革命回忆录》，江西人民出版社，1987，第16页。

② 陈俊岐编著《延安轶事》，人民文学出版社，1991，第164—166页。

观主义精神和旷达豪迈的革命情怀。在陕甘宁边区，在艰苦的革命战争环境中，唱歌成为人们日常生活的一部分。美国记者斯诺于1936年第一次来到陕甘宁边区，碰到一支红军队伍，他惊异地发现，这支队伍“在路上几乎整天都唱歌，能唱的歌无穷无尽”。他认为这些战士是他看到的“第一批真正感到快活的中国无产者”。人们为什么那么爱唱歌？中国著名诗人、散文家何其芳写过一篇著名的散文《我歌唱延安》，文中的话是最好的回答：“我想，延安的人们那样爱唱歌，大概由于生活太苦。然而我错了，刚刚相反地，是由于生活太快乐。”[①]在延安采访的英国记者冈瑟·斯坦因也看到了这点。在他的眼里，延安虽然没有电、没有现代机器，基本没有公路，缺乏现代的交通工具，遭受四面的封锁，但是延安的人民无论年龄大小，总是充满了生命的活力和欢乐的信心。他们没有厌战的情绪，始终保持着“开路先锋者”坚持战斗的热情，总是相信办法总比困难多。因此，斯坦因说：“将来是他们的。”

新民主主义革命时期，面对艰苦的物质生活和艰难的革命斗争，老区人民在中国共产党领导下，始终保持着高昂的斗志和奋勇向前的艰苦奋斗精神，使得革命事业在困境中求得生存发展，在艰苦的条件下走出一条创新发展的道路。这种自强不息、百折不挠的顽强斗志，是中国革命取得胜利的精神密码。

---

① 何其芳：《何其芳散文》，人民文学出版社，2022，第138页。

# 第二节
# 自力更生、艰苦奋斗

中国共产党是一个有远大奋斗目标的政党。实现远大目标和宏大使命的道路注定不会一帆风顺，总是充满艰辛和坎坷。艰苦奋斗是党和人民在历经艰难险阻、创造历史辉煌的进程中铸就的永不褪色的传家宝，是老区党政军民的精神共识和共同的行为准则。新民主主义革命时期，老区人民在党的领导下，不畏艰难、敢于斗争、勇于胜利，战胜一个个困难，攻克一道道难关，锤炼出不怕苦、不怕难的精神品质和敢于拼搏的革命干劲。

## “靠我们自己的两只手，自力更生，发展生产”

艰苦奋斗，是中国共产党人的政治本色，是我们党的优良传统，也是我们党的传家宝。不屈不挠的革命意志是中国共产党人艰苦奋斗这一特质的重要组成部分，也是老区精神的显著特色。艰苦的斗争环境，给老区人民的生产生活造成极大困难，然而，老区人民在中国共产党的领导下，在极其艰难的条件下排除万难，在艰苦卓绝的斗争中启迪智慧，使得在重重困境中的革命事业柳暗花明，进而取得一个又一个胜利。

1965年5月，毛泽东重上井冈山时说：“日子好过了，艰苦奋斗的精神不要丢了，井冈山的革命精神不要丢了……没有井冈山过去艰苦卓绝的奋斗，就不会有今天革命的胜利。”

井冈山斗争时期，为了将红军困死在井冈山上，敌人在各个要道拦路设卡，企图阻断井冈山与外界的物资交换。军民的生活异常艰苦，常常吃红米、南瓜、茄子和野菜，且经常缺油少盐。最困难的时候，只能以野菜充饥。冬天，大雪封山，许多战士光着脚，穿着单衣，后来虽然获得了棉花，却又没有布。面对极度的困苦，湘赣边界党的组织领导根据地军民自力更生，艰苦奋斗，充分利用一切可利用的条件，彻底粉碎敌人的经济封锁。

为了解决红军和老百姓穿衣问题，红军部队攻克遂川后，缴获了大批布匹，在桃寮村张氏宗祠建起了工农革命军被服厂。桃寮被服厂成立后，缝工有30余人，主要生产单衣、帽子、米袋、绑腿、子弹袋等。为了调动工人的生产积极性，被服厂还在工人中建立党的组织。被服厂的开办，解决了当时全军5000人的穿衣问题，支援了井冈山的革命斗争。

因为缺盐，根据地群众常常出现眩晕、昏厥、身体浮肿等不良症状；红军战士的体质也明显下降，部队的战斗力大幅削弱。盐的问题让整个根据地陷入极大困境。为了解决缺乏食盐的问题，井冈山革命根据地军民上下一心，患难与共。除了把老房子的墙根土挖出来熬硝盐外，当地群众还千方百计把自己省下的食盐送上山去——把盐藏在竹筒内、篮子底下、双层水桶底内等，但常被识破，敌人由此也越查越严，不少群众因给红军秘密送盐而惨遭杀害。当时担任井冈山茅坪乡妇女委员会委员的聂槐妆想到一个给红军送盐的好办法：把盐化成盐水，然后把一件吸水性非常好的新棉夹衣放进盐水中，待衣服充分湿透后再把它烘干。聂槐妆穿上这件夹衣，罩上一件新外套，挎着一个装有山货的竹篮上山了，俨然一副出门走亲戚的农村妇女打扮，这样通过了检查，成功把盐送到红军手中。但一个月内聂槐妆因多次上山引起了敌人的怀疑，敌人对她严刑拷打，逼问红军藏身处，她却毫不动摇，守口如瓶，最后被敌人枪杀，牺牲时年仅21岁。电影《闪闪的红星》中，潘冬子将棉衣浸泡在盐水中，巧妙通过国民党关卡的情节，正是取材于聂槐妆的真实事迹。

尽管当时红军自己的食盐十分匮乏，但他们并没有将所有的盐都给自己用，而是将根据地的广大穷苦群众放在心里，想尽办法分给他们食盐。1928年冬天，红军将打土豪缴获的食盐

▲李尚发的盐罐
（井冈山革命博物馆藏）

分发给当地的村民，李尚发家里也分到了一罐食盐。李尚发分到食盐后舍不得吃，偷偷将盐保存下来，以备红军不时之需。1929年2月井冈山失守后，为了防止盐落到敌人手里，李尚发将这罐食盐藏在茨坪自家屋后的一棵老杉树的树洞里，就这样这罐盐一直保存到了全国解放。对于他来说，这个罐子里装的不仅是盐，更是一种信念和希望：只有共产党才是老百姓的救星，革命一定会胜利。军民团结既是一种力量，也是井冈山星火能够燎原的原因，这个故事真实反映了党领导的人民军队深深扎根于人民，赢得了人民支持。

龙关秀是井冈山茅坪乡斜源村人，丈夫陈瑞恩是赤卫队队长。1929年1月，井冈山革命根据地第三次反“会剿”失利，最终井冈山失守，红四军三十二团和各地赤卫队转入深山坚持游击斗争，陈瑞恩也随宁冈东南特区赤卫队转入斜源附近一座名为猴子石的深山里。敌人在对红军和游击队进行“进剿”的同时，还实行了经济封锁，红军和游击队的粮食供给越来越困难了。龙关秀听说丈夫所在的赤卫队被困在猴子石断了粮食，非常着急。她想了很多办法为红军送粮。有时把竹篙打通，里面装满米，假装上山砍柴，把米送上山；有时把米用油布包好，放进牛粪中，带着挑牛粪的桶去山间田里施肥，把米送上山；有时还把米装进裤管里，把装满米的裤管背在身上，外面罩上披风，假装背着孩子，把米送到山上。龙关秀用这些办法一次又一次地为山上的红军和游击队送去了救命粮。但是龙关秀经常早出晚归的身影引起了敌人的怀疑。1929年3月的一天，当地有一个姓谢的土豪发现龙关秀天刚亮就又背着“小孩”上了山，随即暗中盯上了她。走到半路，龙关秀感觉到有人盯梢，便故意左拐右拐，把米送到预定地点后赶紧回身把敌人引向别处。敌人发现上当后，抓住了龙关秀，将她带回村里严加审讯。但龙关秀始终没有吐露半点实话。最后，敌人烧毁了龙关秀家的房子，把龙关秀绑在滴水成冰的野外，将她活活冻死。

红军建立初期，没有自己的兵工厂，武器来源主要靠战场上缴获。武器坏了，修理也困难。如何把仅有的一些武器尽可能地修好，用到战斗中去，是军事斗争中比较急切的事情。在井冈山斗争初期，部队主要是利用袁文才的小修理部设立修械所。红四军成立后，专门成立了军械处，宋乔生任处长，刁辉林任副处长，从军队和地方上调集30余名有技术的人员，主要负责修理全军的各种武器，及时供给红军在战场上使用。由于工人们的努力，军械处成立后不久，不仅能修理各种武器，制造梭镖、大刀和鸟枪，而且还能制造出单响枪和松树炮，有力地解决了红军各部队的武器供应问题。黄洋界保卫战中使用的那门迫击炮就是在这个军械处修理后被抬上黄洋界参加战斗的。

苏区时期，国民党对中央苏区发动数次大规模“围剿”，军事上实行“杀死政策”，经济上实行“饿死政策”，企图使根据地“无粒米勺水之接济，无蚍蜉蚊蚁之通报”。广大苏区群众与苏维埃共命运，不怕吃苦，敢于吃苦，在困境中求得生存。为了努力增加生产,企业工人用订立革命竞赛条约的形式提高生产效率，甚至主动要求为国家做义务工，不发工资、不要津贴等。如钨矿公司“做两个星期每天一点钟的义务工，星期日不休息。节省工资伙食帮助战费，以节省数目的多少为优劣的标准”[①]。1934年，中央造币厂的工人“不但是每天在上工钟未敲以前就自动的进厂工作，而且在工作中，一秒一分的时间也不使它浪费了，甚至想尽了种种方法来节省时间与提高生产，除各部互相帮助外，熔银部的同志连吃饭的时间都采用了轮流的办法，以求生产速率与数量的增加。四月份轧胚部为着适应战争的需要全部的工友自动地每天增加一小时工作时间，四月份全厂的义务劳动共计有一千七百三十九小时，五月份共计有一千百二十三小时……五月份的生产计划获得了很好的成绩，特别是印花部超过了百分之四十三”[②]。在党的领导下，广大群众的劳动热忱空前被激发，灌田一次动员一千一百多人，打起红旗，一天开了七百五十担（一担田等于四亩）荒田，水口两天的动员，开荒四百担。会昌踏迳区妇女开荒队十五人，三月份就开出一百六十五担。[③]

苏区群众在条件极其艰苦的情况下，在党的领导下积极参

①《国家企业工人热烈拥护“七一”代表大会》,《红色中华》1934年6月30日，第3版。

②《一分一秒一丝一毫为着革命战争的需要》,《红色中华》1934年6月30日，第3版。

③《春耕运动总结与夏耕运动的任务》,《红色中华》1934年5月28日，第3版。

加苏区的工农业生产等，使苏区经济发展起来。可以说，没有苏区群众坚忍不拔的韧劲，就不可能有苏区的创建，也不可能有中华苏维埃共和国的诞生。

海南岛是中国仅次于台湾岛的第二大岛，四面环海，孤悬海外，敌人不但可以在陆地上重重"围剿"它，还可以在海上对其进行层层封锁。特殊的地理位置决定了琼崖革命根据地在人力、物力和财力上不可能得到大量外援，甚至也难以得到中共中央的及时指导。要在孤岛上进行类似于"背水一战"的革命并取得革命的成功，其困难程度可以想象。特殊的现实要求琼崖军民不但要和敌人进行严酷的军事斗争，还要进行艰苦的经济斗争。同时，也因为琼崖革命根据地大多处于偏僻的农村，生产力水平低下，人民的生活水平不高，外加敌人的长期封锁和"围剿"，进一步加剧了各种军需用品和日用品的匮乏，军民生活极其艰难。

母瑞山革命根据地建立的过程，就是琼崖革命中一段自力更生、艰苦奋斗的可歌可泣的历史。在开辟母瑞山革命根据地的过程中，敌人在军事上对其进行包围和封锁，构筑碉堡、分兵控制路口、切断交通；在政治上，敌人对母瑞山附近的居民采取了高压政策，强迫民众从母瑞山附近转移到敌人控制的白色区域去，以便斩断群众与红军的联系。母瑞山革命根据地的创建是十分艰难的。由于被困守，粮食的供应首先出现了困难，当时几百人的队伍，许多天只能吃上一顿用五六斤的大米煮成的汤饭。为了渡过难关，一方面，红军采摘山中的野菜、野果充饥，另一方面，以王文明为首的苏维埃政府机关组织干部、战士和跟随红军进入母瑞山的民众，披荆斩棘、烧山开荒、种植农作物，进行自救。经过几个月的努力，先后开辟了3个红军农场，建立了上村、中村、下村3个革命村庄，种植了200多亩地，基本解决了母瑞山革命根据地全体军政人员的粮食问题。[①]当地群众积极参与是母瑞山革命根据地物资供应得以保障的主要基础。

在抗日战争时期，从1941年起，日军对琼崖革命根据地进行惨无人道的“大扫荡”，导致琼崖工农业生产、商业贸易空前凋敝。加之敌人破坏市政和村庄，使许多地区变成了“无人区”。琼崖抗日根据地的人力、物力、财力再次经受严峻的考验。为了渡过难关，中共琼崖特委先后发出了“奖励生产，发展手工业”[②]、“提高（了）群众对生产的认识，成立（了）生产委员会”[③]的指示。在农业方面，琼崖特委积极响应党中央关于“自己动手、丰衣足食”的号召，开展生产自救。特委书记冯白驹发挥带头作用，亲自带领干部、战士开荒、种稻、种菜、养猪。在特委的领导下，人民群众积极种棉织布，帮助解决军民穿衣问题。如崖县梅山乡6个村庄800多户农民，在1942年就

---

① 李德芳等:《琼崖革命精神论》，武汉大学出版社，2007，第136—137页。

② 冯白驹:《在中共琼崖特委第三次执委会议上的政权工作报告》（1941年2月15日），载中共海南区党委党史办公室编《冯白驹研究史料》，广东人民出版社，1988，第32页。

③ 史丹:《在中共琼崖特委第九次扩大会议上的政权工作报告》（1942年9月25日），载中共广东省委党史资料征集委员会、中共广东省海南行政区委员会党史办公室编《琼崖抗日战争史料选编》，广东省海南印刷厂印刷，1986，第242页。

开荒种棉800多亩，纺纱织布，解决了全乡人民的穿衣问题。[1]由于琼崖人民群众与党政军团结一致，积极地开展自救运动，自力更生，艰苦奋斗，根据地的经济建设卓有成效，粉碎了日伪军的经济封锁，战胜了来自各方面的困难，为琼崖抗日战争胜利奠定了物质基础。

"花篮的花儿香，听我来唱一唱，唱一呀唱。来到了南泥湾，南泥湾好地方，好地呀方。"这首家喻户晓、宛转悠扬的歌曲《南泥湾》，反映的是当年那场轰轰烈烈的大生产运动，是老区人民同党一起艰苦奋斗的岁月留声。

1938年10月起，抗日战争进入战略相持阶段，日本改变侵华战略，在华北疯狂"扫荡"中国共产党领导下的敌后抗日根据地。1941年前后，由于日本帝国主义的"扫荡"和国民党反动派的封锁包围及自然灾害，各抗日根据地出现极端困难的局面。"我们曾经弄到几乎没有衣穿，没有油吃，没有纸，没有菜，战士没有鞋袜，工作人员在冬天没有被盖……我们的困难真是大极了。"[2]毛泽东问大家："饿死呢？解散呢？还是自己动手呢？"他亲笔题词作答："自己动手，丰衣足食"。

各抗日根据地响应号召，掀起了大规模的生产运动，根据地人民是活跃的参与者和创造者。1941年3月，八路军三五九旅开赴荒无人烟的南泥湾。战士们刚去时，困难是实实在在的。

① 海南财政经济史编写组编著《琼崖革命根据地财政经济史》，中国财政经济出版社，1988，第65页。

② 毛泽东：《抗日时期的经济问题和财政问题》（1942年12月），载《毛泽东文集》第3卷，人民出版社，1991，第892页。

寒风刺骨，战士们没有地方住，夜间只能用树枝搭草棚凑合过夜。在当时生产资金和生产工具都极度匮乏的情况下，大家发扬自力更生、奋发图强的精神，一起想办法解决粮食不够吃的困难，各部队干部亲自带头冒风雪、破冰涉水到远离驻地的县城背运粮食。陈宗尧团长用自己的马驮着粮食，率领全团走几百里路去背米。没有油盐酱醋，就想办法打柴烧炭，拿到集市上和老百姓交换；为了改善伙食，战士们拾山货、找树皮，或扛枪打猎、下河摸鱼；没有农具，王震就和战士们一起，用弹片打制成耕地的犁、锄头等。

经过开荒播种，到了夏天，南泥湾的山坡上是一排排崭新的窑洞，窑洞里面和窑洞口上都用八路军自己烧的石灰刷得雪白。山沟里开出了一条宽阔的大路，路边修建了木工场、铁工厂、造纸厂、图书馆、医务所等。早晚的街道上，人来人往，车水马龙，简直成了延安的一个新兴市区。漫山遍野都是绿的，战士们种上了谷子、玉米、土豆、芝麻、南瓜、辣椒、西红柿，还有西瓜、甜瓜……南泥湾的水也是清的，大片小片的梯田里全是水稻，稻田上面还有蜻蜓在飞。

▲八路军三五九旅大生产运动开展地——延安南泥湾

据统计，1941年，三五九旅开荒1.12万亩，收获细粮1200石，收获蔬菜164.8万斤，打窑洞1000多孔，盖房子600余间。在以农业生产为主的同时，三五九旅还先后办起了纺织厂、被服厂、造纸厂、化工厂、制鞋厂等。制鞋厂年生产单鞋2500余双、棉鞋1200余双，化工厂年产肥皂10余万条，被服厂年产单衣2.5万套、棉衣1.2万套，榨油厂年产食油万余公斤……除供部队所需，有的产品还可向社会销售。由于产品种类多、质量好，受到边区广大群众的好评。三五九旅在屯垦南泥湾中取得的优异成绩为边区经济建设作出了巨大贡献，成为延安大生产运动中艰苦奋斗、自力更生的光辉榜样。

大生产运动产生了强烈的示范效应，在劳动过程中还涌现出许多劳动英雄和模范工作者。杨步浩、赵占魁……一批批劳动模范脱颖而出。在延安大生产运动中，所有部队机关，不分上下、不分官兵，除有特殊情况外，都要参加生产，完成生产任务。毛泽东也不例外，他也参加劳动，还和大家一样，认领了公粮任务。延安人民听说毛主席也参加生产上交公粮，反响特别强烈。

从小家境贫穷的农民杨步浩在土改中分到了土地和窑洞。他勤勤恳恳地种地，靠着自己的努力，日子一天天好了起来。杨步浩从心底里拥戴共产党，感激毛主席，他坚信跟着共产党就有好日子。大生产运动中，杨步浩更是响应党的号召，更加积极劳动生产，想为抗战胜利出一份力量，贡献粮食。杨步浩每年都会多打粮，也因此在1943年被评为劳动英雄。杨步浩听说在大生产运动中，毛泽东、朱德都以普通群众的身份参加生产，而且要完成一定的任务。他寻思：毛主席、朱总司令为咱操碎了心，我咋不能代他们完成生产任务呢？这位善良淳朴的农民便去延安县政府，向他们请示自己要为毛主席、朱总司令代耕！杨步浩反复且坚决的请求，县委最终同意了，杨步浩就托人写信报告给了毛泽东。第二年麦收后，毛泽东亲切接见了杨步浩，并好奇地问他为什么要为自己代耕，杨步浩讲了自己的苦难身世，最后说：“吃米不忘种谷人。我现在翻了身，不能忘记共产党和您的恩情呀！”毛泽东听完后，被杨步浩真挚的话语深深地感动了，止不住地夸赞他：这才是无产阶级闹革命呀！

除了农民劳模，大生产运动中还涌现出一位家喻户晓的“陕甘宁边区工人的一面旗帜”——工人劳模赵占魁。他恪尽职守、任劳任怨、大公无私的劳动态度，受到党中央和毛泽东的高度评价。毛泽东称他为中国式的“斯达汉诺夫”（苏联煤矿工人、劳动英雄），并为他题词“钢铁英雄”。陕甘宁边区随之开展了轰轰烈烈的“赵占魁运动”。

农民出身的赵占魁12岁就开始在工厂干活，先后在太原铜元厂、太原兵工厂、同蒲铁路介休车站修理厂做工。1938年初，同蒲铁路被日军占领，赵占魁和妻子在逃难中失散，流亡到西安，后辗转到延安。在延安曾进入中共中央职工运动委员会在延安创办的工人学校学习。难得的学习机会使赵占魁很感动：“上学是有钱人家子弟的事，自己活了四十多岁，受苦都吃不饱饭，现在竟一钱不花，管吃、穿、住、用，进学校、学本事，这真是做梦也想不到的事。”在工人学校学习期间，他坚定了革命信念，并逐渐认识到“边区是我的家，共产党是我终身的依靠”，只有跟着中国共产党，才能建设一个光明自由幸福的新社会。

1938年12月，赵占魁光荣地加入了中国共产党。1939年6月，陕甘宁边区创办西北农具厂（后改名为延安第一兵工厂），赵占魁被调去当工人。赵占魁到工厂后，积极负责，以厂为家，承担了非常艰苦的司炉工工作，在炎热的夏天也要守在2000摄氏度高温的熔炉旁边，常年汗流浃背。1939年春，边区开展大生产运动，抗大缺少生产工具，赵占魁马上提出自己开炉打造。他立即召集工人，垒起3个炉子，仅半月的时间，就打出了200把镢头、300把锄头。曾经采访赵占魁的记者穆青评价他："他惊人的劳动热情，像炉火一样，一直熊熊地燃烧，从不熄灭。"1939年至1941年，赵占魁在每次劳动竞赛中都获得"甲等劳动英雄"奖章。1941年陕甘宁边区举行第二届参议会选举时，赵占魁被4个工厂的选民一致提名并当选为候补参议员。1942年9月11日，《解放日报》发表了《向模范工人赵占魁学习》的社论。陕甘宁边区随后迅速掀起了学习赵占魁的热潮。

随着"赵占魁运动"的深入开展，陕甘宁边区及各抗日根据地涌现出了大批赵占魁式的劳动模范。晋绥抗日根据地以张秋凤名字命名开展了"张秋凤运动"，太行抗日根据地以甄荣典名字命名开展了"甄荣典运动"等。1944年6月，由苏、美、英及国统区的记者20多人组成的中外记者团来到延安。为了使他们深入了解共产党领导人民艰苦奋斗、坚持抗战的真实情况，周恩来亲自安排他们到工厂参观，并向他们介绍了赵占魁的模范事迹和开展"赵占魁运动"的情形。"真是世上罕见！"外国记者对用土办法炼铁、用简陋的工具制造武器弹药感到非常惊讶，英国记者斯坦因紧握着赵占魁的手说："你们是不可战胜的英雄人民，你们一定会胜利！”

1943年11月底，毛泽东在招待边区劳动英雄大会上，兴奋而自豪地说：“吃的菜、肉、油，穿的棉衣、毛衣、鞋袜，住的窑洞、房屋，开会的大小礼堂，日用的桌椅板凳、纸张笔墨，烧的柴火、木炭、石炭，差不多一切都可以自己造，自己办。我们用自己动手的方法，达到了丰衣足食的目的。”①

晋察冀、晋冀鲁豫、晋绥、华中、华南等敌后抗日根据地军民也一面战斗一面生产，创造了大生产运动和经济建设的多种形式。边区各地广大农民积极响应党和政府的号召，创造各种形式的变工队和扎工队等劳动互助组织。在这些模范互助组织的影响和带动下，边区各县农村生产互助合作运动迅速、普遍地开展起来，极大地调动了农民群众的生产积极性，合理地调剂了农村劳动力、畜力，人民群众以更大的革命热情投入大生产运动。抗日根据地开展大生产运动后，人民负担大大减轻，军民生活明显改善，解放区克服了严重的物质困难，粉碎了敌、伪、顽的封锁，为争取抗战胜利奠定了物质基础。毛泽东认为，大生产运动是中国历史上从来未有的奇迹，这是我们党不可征服的物质基础，并把它与1942年整风运动一起称为当时整个革命链条中起决定性作用的两个环节。

1946年，国民党当局在谈判的掩护下，积极进行围歼中原军区部队的战前部署，军事上步步紧逼，政治上疯狂破坏，经济上对中原军区进行封锁。这时，坚持华中抗战8年的新四军

① 毛泽东：《组织起来》（1943年11月29日），载《毛泽东选集》第3卷，人民出版社，1991，第929页。

第五师等中原部队6万人被国民党30万大军围困于罗（山）、礼（山）、经（扶）、光（山）之间不足百里的狭小区域内。军民生存状况日益恶化，财政给养常常朝不保夕，数万部队无米下炊。在解放区日益困难的情况下，1946年3月，中原局召开高级干部会议，决定开展生产自救，提出了"坚持斗争、能苦必胜"的响亮口号。各机关部队纷纷表示：绝不在任何困难面前屈服。中原解放区军民独立自主、自力更生，种粮种菜、养鸡养鸭，开展生产自救。军区部队全军上下"一手拿枪，一手拿镐"，把生产上的流汗看成与战场上流血具有同等意义的大事，充分发挥工农子弟兵的劳动本色，挖野菜、捕鱼虾、磨豆腐、生豆芽、开荒种菜，改吃稀饭，广泛开展生产节约运动。在这段艰难岁月中，中原军区和行政公署联合发出布告：为减轻民众负担，自4月1日起，停止部队向民众借粮。广大群众深受革命军队不畏强敌艰苦奋斗精神的鼓舞，纷纷节衣缩食支援军队。为奖励和回报群众对军队的支援，4月上旬，中原军区召开军民万人大会，把郑位三政委亲笔题写的一块"民为邦本"的牌匾赠给当地群众，展示了军民之间的深厚情谊。①

在新民主主义革命时期，在根据地始终处于敌人严密军事包围和经济封锁的极端条件下，在中国共产党领导下，老区人民以不怕艰难困苦、自强不息的精神，坚持自力更生、艰苦奋斗，顺利渡过难关，并开创了经济、财政、文化、教育等各项事业的新局面。

---

① 田青刚主编《大别山精神》，中共党史出版社，2020，第147—149页。

## “白区和红区人民亲如一家，我们哪怕冒着生命危险，也要到根据地来做生意”

井冈山地区距大中城市较远，经济落后，交通不便，当地的经济仍然是一种封建闭塞、生产力水平十分低下的自给自足的自然经济。朱毛会师以后，军队骤然增加到万余人，部队给养严重不足，加上国民党对井冈山严密的经济封锁，任何外来的物资都无法运入井冈山，井冈山的物质产品也无法运出去，导致经济极为困难。“割据区域内，与外间消息隔绝，油盐布匹药材等不能输入，农产品不能输出，农民感到困难，不能耐久奋斗。”①“在白色势力的四面包围中，军民日用必需品和现金的缺乏，成了极大的问题。一年以来，边界政权割据的地区，因为敌人的严密封锁，食盐、布匹、药材等日用必需品，无时不在十分缺乏和十分昂贵之中，因此引起工农小资产阶级群众和红军士兵群众生活的不安，有时真是到了极度。红军一面要打仗，一面又要筹饷。每天除粮食外的五分钱伙食费都感到缺乏，营养不足，病的甚多，医院伤兵，其苦更甚。这种困难，在全国总政权没有取得以前当然是不能免的，但是这种困难的比较地获得解决，使生活比较地好一点，特别是红军的给养使之比较地充足一点，则是迫切地需要的。”②

---

① 杜修经：《朱毛军队、湘赣边界及湘南情形——给中共湖南省委的报告》（1928年7月），载应国斌著《杜修经访谈录》，中国言实出版社，2004，第316页。

② 毛泽东：《中国的红色政权为什么能够存在？》，载《毛泽东选集》第1卷，人民出版社，1991，第53页。

边界的经济困难，国民党对井冈山的经济封锁，使得根据地的药品、食盐等物资奇缺，红军通过开设红色圩场、搞活边界经济来打破敌人的封锁。赖春风回忆说：一个叫袁明贤的红军伤员，本来伤势不重，只需做个简单手术，但由于当时医药品和食盐缺乏，不仅没有麻药，连消毒用的食盐水也找不到，致使他伤口发炎，伤势恶化，抢救无效而死亡。

面对边界的经济困难，"毛委员提出大力发展农村工农业生产，繁荣农村经济。他亲自找宁冈县委书记龙超清和红三十二团团长袁文才等领导干部，研究在宁冈县大陇镇建立红色圩场，开展红区和白区经济贸易，以此来打破敌人的经济封锁，克服红军面临的困难""毛委员对搞经济工作的同志明确指示：井冈山地区不仅出产大米，还有大批木材、竹子、茶油和工业用的桐油等土产，你们要设法将这些东西偷运到赤白交界的地区去和白区的小商贩以及那里的人民群众，换回我们需要的物资……边界周围各县镇的商人和老百姓听说大陇镇开设红色圩场，都很高兴，很拥护。"①

1928年7月15日（阴历五月二十八）大陇红色圩场正式开圩，并规定农历二、五、八日为逢圩日。赖春风回忆大陇镇圩场逢圩的情景：当时大陇镇装扮得像正月十五闹元宵一般。从上午八九点开始，人们就从四面八方涌向圩场。他们有的推着小车，有的挑着箩筐，有的背着背篓，有的提着竹篮，有的挎着布口袋，带着各种各样的商品和土特产来逢圩。圩场上的货

① 赖春风：《毛委员领导我们建立红色圩场》（1928年10月5日），载张泰城等选编《井冈山的红色回忆》，江西人民出版社，2016，第396—397页。

物种类繁多，有五颜六色的日用品，有农产品和手工业品，有食用的茶油、菜籽油和工业用的桐油，有木材、竹器、山货、中草药和其他土特产，有猪肉、牛肉、羊肉和鸡、鹅、鸭以及蛋类，还有农民自种自纺的棉花和土布，整个圩场熙熙攘攘，热热闹闹，人们叫卖，问货还价，无拘无束，买卖公平，呈现出一片繁荣兴隆的景象。[①]大陇红色圩场的开办，活跃了井冈山革命根据地的经济，一些根据地内奇缺的物资和生活用品在这里可以经常买到，对粉碎敌人的经济封锁起到了积极的作用。

大陇红色圩场开辟后，白区的商贩和人民群众一致反映："我们来到红色大陇圩场做生意，感到什么都比白区新鲜，心情格外舒畅，红区和白区真是两重天，红军和白军完全不一样，

▲大陇红色圩场

① 赖春风：《毛委员领导我们建立红色圩场》，载张泰城等选编《井冈山的红色回忆》，江西人民出版社，2016，第398页。

白区和红区人民亲如一家，我们哪怕冒着生命危险，也要到根据地来做生意，支援根据地人民的斗争。"井冈山革命根据地的人民群众则说："毛委员真英明，大陇圩场开设得好，不仅打破了敌人的经济封锁，渡过了难关，而且促进了根据地工农业生产和经济建设的发展。"[①]

大陇红色圩场的开办，沟通了根据地内外的贸易，繁荣了根据地的经济，支援了革命战争，同时密切了军民关系，对粉碎敌人的经济封锁起了很大的作用。圩场开办以后，边界经济活跃起来，红军所需要的很多物资得到了解决，老百姓的生活也得到极大改善。

苏区时期，在国民党经济封锁下，苏区的农副产品卖不出去，日常用品又买不进来，苏区军民的日常供应极其困难。因此，把苏区的农副产品、土特产品输出到白区去，从白区购入军民急需的工业产品、发展对外贸易是苏区发展的当务之急。

党和苏维埃各级政府始终高度重视这项工作，通过各种形式和渠道，各有特色、卓有成效地开展了赤白贸易。中央苏区参与赤白贸易的人员回忆说："毛泽东同志很重视这项工作，号召我们有计划地组织人民，发展对外贸易，把粮食、钨砂、木头、樟脑、纸张、烟叶、夏布输出到白区去，卖得适当的价钱，从白区购买必需品，如食盐、布匹进来，分配给人民，打破敌人的封锁。当时全国总工会委员长刘少奇同志，副委员长陈云

---

① 赖春风：《毛委员领导我们建立红色圩场》，载张泰城等选编《井冈山的红色回忆》，江西人民出版社，2016，第400页。

同志、朱琪同志都亲自抓这项工作。”[1]

苏区对外贸易打开局面后，还要解决进出口货物的运输问题。除党和苏维埃政府积极领导疏通河道、架桥修路，组织运输队、武装队外，广大人民群众也参与到外贸运输战线上来。由于国民党严密的封锁政策，很多时候货物需要通过特殊的方式运送，苏区的许多干部、群众以大无畏的革命精神和过人的胆识，运用各种巧妙的方法，出色地完成了各种任务。例如，“河西支部在唐江采购到食盐，用大毛竹打通全根竹节，把盐装进竹子里，再封住口，放在水里扎成排。一根竹子可装一、二百斤。因为竹子装了盐，竹排就半沉不浮面，敌人难以发现。到了晚上，竹排顺流向下，可一直到水东，再肩挑到苏区。”[2]或是把纸张或棉衣服，先用盐水浸过并晒干，然后带进苏区，又用沸水，把它储蓄着的盐煮出来食用。

此外，“群众从赣州城内运送盐、布、西药材进苏区，也使用了许多巧妙的方法。有的将尿桶做成夹底或桶周围做成夹层，面上或中间装屎、尿挑运出城；也有的在箩筐面上装灰，下面装盐，挑运出城；还有的就是把盐藏在棉衣、棉裤夹缝中，把布缠在身上，面上再穿回原来的衣服遮住，运出城；妇女同志把盐捆在大腿上，带运出城。运送西药材的方法又不同。因为西药不能抛丢，需要用安全保险的方法来运送。妇女假装去做

① 王贤选、何三苟：《中央苏区反经济封锁的片断回忆》，载陈毅、肖华等著《回忆中央苏区》，江西人民出版社，1981，第389页。

② 王贤选、何三苟：《中央苏区反经济封锁的片断回忆》，载陈毅、肖华等著《回忆中央苏区》，江西人民出版社，1981，第391页。

客，手提糕点盒，提着出城。糕点盒内装的就是西药材。我们还用过抬棺木出城的方法运送西药材和军用品。赣州六合铺有一家人家死了一位老人，我们和他商量好，把我们买到的货物放在棺材里。我们抬着棺材，死者亲属披麻戴孝。哭哭啼啼，抬运出城。"[①]还比如，赣江东岸的储潭乡米办站在渔民们的帮助下，把西药装在密封的铁皮箱里，系上麻绳放在船底下的水里拖着走，船头上放几只鸬鹚，装成打鱼的样子，混过敌人的检查。[②]

由于苏区人民的大力支持，对外贸易成为苏区发展经济的枢纽，一方面为保障军民生活和战争物资的供给起到了重要作用，另一方面使苏区的农副土特产品和手工业品得以输出，打破了敌人的经济封锁，极大地活跃了苏区经济。

## "节省每个铜板为着战争和革命事业"

新民主主义革命时期，党领导的革命根据地财政经济极端困难，为了保证供给革命战争的需要，根据地群众在党的领导下，始终把厉行节约作为自觉的行动，与党和人民军队共渡难关。

当年苏区有句很响亮的口号："节省每个铜板为着战争和革命事业！"1934年4月，苏维埃中央政府为了集中粮食支援前线，争取第五次反"围剿"战争的胜利，开展了每人节省3升米的群

① 柯华主编《中央苏区财政金融史料选编》，中国发展出版社，2016，第504—505页。

② 柯华主编《中央苏区财政金融史料选编》，中国发展出版社，2016，第512页。

众运动。在政府的宣传鼓动下，苏区群众积极响应号召，精打细算，节省开支，由此一场全民性的节省运动如火如荼地开展起来，节省的范围也逐渐扩大,内容包括节省每一个铜板，减少伙食费，退回公债，捐钱、捐谷支援前线等。

为保证前线红军的供给，苏区普遍开展“每人节省三升米捐助红军”的群众运动。以瑞金为例，截至1933年3月，瑞金的群众自动地将第二期公债全部退还苏维埃政府，许多没有公债的同志决定将伙食尾子（伙食费用的结余）捐出帮助红军；自响应“每个少队节省五升谷借给红军”的号召以来，瑞金下肖区律阳乡的少先队员集中了100石谷子，武阳区武阳乡集中了300石谷子，壬田区桥岭乡差不多有200石谷了，瑞林区罗村差不多有200石谷……除了捐钱捐物、收集粮食外，广大干部群众还想尽一切办法、尽一切努力节省，如减少政府人员的工资甚至不发工资，群众积极垦荒种地、省吃油盐、不做衣服，尽可能用豌豆、番薯等代替米，停止制造米粉、米糕、米糖、米饼、米酒，节制饲养家畜方面的粮食消耗等。各级苏维埃政

▲中央苏区时期的瑞金

府及后方军事机关工作人员，自辟苏维埃菜园，种植杂粮蔬菜，充分做到食用自给。瑞金下洲区樟赖乡反帝拥苏同盟全体盟员在本乡建立了节省箱；红色中华报编辑部及新闻台工作同志成立伙食委员会，专门管理粮食的节省与调剂等。

广大群众积极响应党和苏维埃政府的号召，从小事做起，每天也只吃两餐饭，节约每一粒粮食，节约每一块铜板，把节省下来的大量粮食慷慨借给红军，支援前线。中央苏区政府在1932年到1934年开展了3次征粮和借谷运动，共向群众借谷104万担。在1934年向群众借谷60万担运动中，“瑞京（金）向各县挑战”，一次就借谷5万担，在两个月内就预订完成了，并主动要求中央提前开出借谷票。据统计，瑞金先后共借出粮食25万担，为苏区各县最多，成为粮食总动员的模范县，中央苏区政府赠给瑞金“粮食运动的模范”红匾一块。瑞金县儿童团“在节省经费帮助战争的工作上，已得了很大的成绩”，仅1934年2月27日一天缴到中央儿童局帮助红军的军费就有113.8元。

苏区群众除了经济上支援革命外，在军事上也给予了支持。1934年7月，中央苏区第五次反“围剿”处于困境中，苏区群众积极开展收集军用品原料的突击运动。南团区麻田乡群众自动送五百八十斤子弹壳到苏维埃，不要公家的钱。东朝乡群众听到收集军用品，五天中即搜集了子弹壳四十斤，有一个儿童团员（才十五岁），到山上收集子弹、子弹壳，三天工夫得到了十余斤。[①]

---

①《洛口县的热烈动员》，《红色中华》1934年7月12日，第3版。

全民族抗战时期，为尽量减轻人民的税收负担，争取广大群众参加抗战，党创造性地采取了大生产运动这样的取之于己的办法，同时施行节约政策。陕甘宁边区政府于1943年颁布《陕甘宁边区简政实施纲要》，要求实行节省民力、物力和财力的节约政策，“不急之务不举，不急之钱不用，且须在急务和急用上，力求合理经济”。部队机关在开展生产的同时，还不断进行勤俭节约教育，教育干部、士兵十分珍惜爱护根据地的人力、物力和财力，减轻人民负担，提倡和鼓励节约经费、粮食、燃料、被服鞋袜，制定节约奖励标准，做到开源与节流紧密结合。

在党的号召下，工人劳模赵占魁努力改进技术，提高产品质量。刚开始炼铁时，1斤焦炭只能炼1斤铁，消耗大，成本高。为了少费炭多炼铁，赵占魁反复研究和试验，成功地用1斤焦炭炼出2.5斤铁。他担任翻砂股股长后，看到翻出的犁铧表面不光滑，便组织工友们设法改进翻砂技术，使得翻出的犁铧既光滑好用又节省成本。工厂化铜的罐子是用坩土自制的，开始时一个化铜罐仅能化2次至3次铜。赵占魁和工友们废寝忘食地改进技术，终于使化铜罐的化铜次数达到6次。除此之外，每次从炉中倒出来的烂炭，赵占魁都要用筛子筛，把可用的烂炭烂铁挑拣出来。他不光自己这样做，而且叫学徒也这样做。他对学徒们说：“自己要节省，对革命的财产更要节省，一块炉炭、一片碎铁，都来得不容易！”他在工具厂也是这样。他发现几年前的烂炭堆里有些生了锈的碎铁块，于是利用休息时间，蹲在那里用手边扒边拣，不一会儿就拣回了好几斤，接着他又发动学徒去拣，一天就拣回了十几公斤。在节约生产的号召下，1944年，赵占魁所在的翻砂股“节约统计有：柴六百斤（用废炭代替），值六千元；焦炭二千斤（每天下午用废焦埋火），值十五万元；黄砂三桶，洋钉一斤（用生铁棍及坏钉代替），值五千元；炭面三百斤，值一万八千元；连其他共计节省二十一万九千余元。对原料不论大小，他都注意爱护，即如拉焦炭的大车，掉了焦炭块，老赵都拣起来拿到厂里去。他又把焦炭大块、小块、碎末，分开来放，他说麻烦点没啥关系，而用起来又方便，又节省”。[①]熔炉倒出的炉渣又脏又呛，他总是带上徒弟，提着筐篓在炉渣堆中挑拣尚未烧透的炭渣和夹杂在炭渣中的碎铁块，以备再用。

新民主主义革命时期，根据地群众在党的领导下，节衣缩食，“节省每一个铜板”，从而有效地缓解了根据地紧张的经济状况，为前线军队提供了源源不断的物资，也为巩固红色政权奠定了基础。

① 虞和平主编《中国抗日战争史料丛刊65》，大象出版社，2016，第613—614页。

# 第三节
# 开创“一个自由的光明新天地”

老区精神是一种自强不息、开拓创新的精神。争创一流是老区精神的特质。新民主主义革命时期，中国共产党领导下的根据地处处体现出昂扬向上的精神风貌和争创一流的工作业绩。老区人民在敌人严密军事包围和经济封锁的极端条件下自强不息、开拓创新，在党的领导下，开动脑筋，积极投身于根据地各项建设，促进了根据地政治、经济、文化和社会建设的发展，开创了一个自由光明的新天地，展示了在创新中谋发展的革命气魄。

## 经济上群众可贵的创造性

《申报》记者陈赓雅曾对苏区人民的特性进行了概括，并将创造性列为三个突出特性之一。他说："……三为创造性，譬之义勇队队长，及其他团体主要职位，农民竟敢与难民争夺。争得之后，对厥职亦多能自出心裁。"①

老区群众在经济上的创造性表现在多个方面，如"抽多补少""抽肥补瘦"的分田办法。中国共产党历来重视农民的土地问题。怎样公平公正地把田分给农民，经历了一个发展过程，其中离不开群众的创造智慧。1928年7月至8月，以闽西永定金砂（今福建省龙岩市永定区金砂乡）为核心的溪南苏区进行土地分配，张鼎丞、邓子恢召集有经验又熟悉土地情况的金砂老农张登荣、张占兴等代表（这些代表包括雇农、贫农、中农、富农），召开了座谈会。通过与这些老农充分讨论，明确了"以乡为单位，按人口平分，抽多补少"的分配原则，以及后来在实践中总结的"抽肥补瘦"的分配原则，解决了土地肥瘦不一的问题。溪南的土改分田，是在毫无前人经验，根据群众的创造性，反复进行调查研究，集中群众智慧，从群众中来，到群众中去，摸索出的一套切实可行的土地分配政策，为各根据地进行土地革命树立了一个好的榜样。毛泽东在中共闽西第一次代表大会上给予高度评价，指出溪南土改分田的"解决办法最

① 陈赓雅：《赣皖湘鄂视察记》，申报月刊社，1936，第53页。

▲插牌分田（雕塑）

好，值得推广”。

在赣西南的一些地方，起初一年甚至三年都未分好土地，二七会议之后动员农民参与，就出现了农民自己去分土地并且很快就分好了的结果，改变了单凭领导者研究几个月也难分配的状况。

苏区群众的聪明才智还表现在像社会组织这种比较复杂的事物，群众也能在实践中创造出来。土地问题解决之后，苏区的农业生产仍然面临着劳动力、耕牛、肥料、种子、资金等严重不足的现实问题。上杭县才溪乡因青壮年大量参加红军，劳动力不能满足生产需要。为了解决劳动力不足的困难，才溪乡的农民根据以往农忙时以工换工、以“人工”换“牛工”的习惯，首先办起了耕田队。耕田队由几户人家自愿结合组成，主要是开展互助，帮助红军家属及群众，是劳动互助的初级形式。

1930年6月，毛泽东到才溪乡进行社会调查，对农民创造的耕田队这一新生事物给予了高度评价，但同时指出，要组织起来搞生产，要求把耕田队改为互助组。[①]根据毛泽东的建议，1931年，才溪乡群众创办了中央苏区第一个劳动互助组——劳动合作社。劳动合作社在乡苏维埃劳动委员会直接领导下，统一

---

① 中共中央文献研究室编《毛泽东年谱（1893—1949）》上卷，中央文献出版社，2013，第307页。

调配全乡劳力，帮助红军家属耕种，对工作人员家属及贫雇农中劳力有困难的亦派工互助。正如毛泽东在《才溪乡调查》中指出："一村中，劳动力有余之家，帮助不足之家。一乡中，有余的村，帮助不足的村。一区中，有余的乡，帮助不足的乡。"①

在苏区的农业生产活动中，"耕牛的作用仅仅次于人工"。当时，才溪苏区耕牛相当缺乏，"两乡约百分之二十的人家无牛"。上、下才溪两乡组织了犁牛合作社，"各有三头牛"。1933年，才溪全区添买了28头牛②，基本上解决了耕牛不足的困难。

才溪苏区群众组建耕田队、劳动互助社、犁牛合作社等，有效地解决了劳动力和耕牛不足所带来的生产困难，才溪苏区农业生产得到迅速恢复和发展。1933年6月，福建省苏维埃政府授予才溪区"第一模范区"的光荣称号。

延安时期，由于劳动力不足，变工互助运动在陕甘宁抗日根据地迅速兴起。变工是抗战前边区农民自发形成的一些劳动互助组织，主要在关系较好的农家或亲戚之间进行，一般有三种变法：一是人工变人工；二是人工变牛工，牛工变人工；三是生产技术上的互助。变工有经常的，有临时的，有讲情面的（如亲戚、友邻），也有讲好条件要补工或折合工钱的。③变工等传统的劳动互助组织是农民在长期劳动实践中形成的，有利于解决农忙季节里的劳动力、畜力、农具等不足的问题，节省

① 毛泽东:《才溪乡调查》(1933年11月)，载《毛泽东农村调查文集》，人民出版社，1982，第343页。

② 乐春:《福建省春耕运动的检阅》,《红色中华》1933年5月14日，第5版。

③ 石毅:《什么是"变工"和"扎工"》,《解放日报》1943年1月23日，第4版。

了劳动力，提高了劳动效率，但只限于本族和至亲好友之间，范围狭隘，组织比较松散。

毛泽东指出：“‘变工队’、‘扎工队’这一类的农业劳动互助组织，从前江西红色区域叫做劳动互助社，又叫耕田队，现在前方有些地方也叫互助社。无论叫什么名称，……总之，只要是群众自愿参加（决不能强迫）的集体互助组织，就是好的。这种集体互助的办法是群众自己发明出来的。从前我们在江西综合了群众的经验，这次我们在陕北又综合了这样的经验。”① 为了把农民逐渐引上集体化的道路，陕甘宁边区根据江西苏区的经验，对边区的农业劳动力资源进行整合，打破了原来亲朋好友之间的大部分以血缘为纽带的互助关系，以村、乡为单位，以地缘关系为基础，组织了“劳动互助社”“义务耕田队”“妇女学习组”等劳动组织，其中尤以“劳动互助社”最为典型。根据陕甘宁边区政府建设厅对延安等20个县的变工队进行的统计显示，截止到1938年11月，参加变工队的农民已有18万余名，占整个边区全劳动力与半劳动力总人数的30%以上，尤其是妇女学习组的出现，开始打破“妇女不下地”的传统习俗，3.9万多名妇女开始参加农业生产，这是对农村生产力的一大解放。

1943年11月29日，毛泽东在陕甘宁边区劳动英雄大会上的讲话中指出：“把群众组织起来，把一切老百姓的力量、一切部队机关学校的力量、一切男女老少的全劳动力半劳动力，只

① 毛泽东：《组织起来》（1943年11月29日），载《毛泽东选集》第3卷，人民出版社，1991，第931—932页。

要是可能的，就要毫无例外地动员起来，组织起来，成为一支劳动大军。"①

在毛泽东讲话《组织起来》的有力推动下，陕甘宁边区一些条件较好的劳动互助组自1943年开始向合作社方向迈进。据不完全统计，到1943年底，整个陕甘宁边区参加劳动互助组织的农民达21万人，占所有农业劳动力的45%。边区还成立了260个合作社，其中有15%的合作社采取了像南区合作社那样综合性合作社的发展模式。

1944年1月6日，林伯渠在总结陕甘宁边区政府1943年的工作后提出：农业劳动力50%以上参加变工队，争取一部分妇女参加农业生产。50%的合作社（变工队以外的）完全走上南区合作社的道路。②到1944年3月，一些地区已经实现了林伯渠定的目标，如绥德分区模范村郝家桥在边区劳动英雄刘玉厚的带领下，全村男劳动力中88%参加了长年变工。③在边区甲等劳动英雄贾正才的率领下，安塞魏家塔村的77个劳动力全部参加长年变工。④

对这些以边区农民乐于接受的形式建立起来的劳动互助组织，毛泽东给予了很高的评价，他把边区的土地革命和减租减

① 毛泽东：《组织起来》（1943年11月29日），载《毛泽东选集》第3卷，人民出版社，1991，第928页。

② 中国财政科学院主编，陕甘宁边区财政经济史编写组、陕西省档案馆编《抗日战争时期陕甘宁边区财政经济史料摘编 第1编 总论》，长江文艺出版社，2016，第195页。

③ 《绥德郝家桥大变工》，《解放日报》1944年3月13日，第2版。

④ 《魏家塔村全部劳动力参加变工》，《解放日报》1944年3月13日，第2版。

息称为生产制度上的“第一个革命”，劳动互助组织，即农民的农业生产合作社，他将之称为“第二个革命”。[①]

解放战争时期，解放区继承了抗日民主根据地人民“组织起来”的优良传统，广泛地开展了劳动互助运动。在太行区，1945年，据18个县统计，每县平均组织起来的劳动力比1944年增加了一倍多；到1946年，据20个县的统计，每县平均组织起来的劳动力比1945年增加了2倍多，全区78%的劳动力组织起来了。[②]解放区的农业互助合作运动，对于保证农业耕地不荒废、抗击自然灾害起了很大作用。

劳动互助合作是群众自己的发明创造，它在生产中显示了巨大的优越性。劳动互助合作的开展，基本上解决了人力、畜力不足和分散给农业带来的困难，大大提高了劳动效率。在东北解放区，由于实行了劳动互助合作，劳动效率基本提高了30%左右，做到了精耕细作。1949年，东北解放区的春耕较往年提前完成10至15天。[③]

## “金豆豆，银豆豆，投到好人碗里头”

抗日战争时期，共产党在各根据地以民主运动为号召，发动人民，对抗国民党。“一九三九年十一月，蒋介石玩弄政治欺骗，提出要实行宪政。宪政，就是民主的政治。当时毛泽东

① 毛泽东:《论合作社》，载中共北京市委宣传部编《理论学习文件　第一分册》，北京出版社，第36—37页。

② 谭克绳主编《中国革命根据地史》下，福建人民出版社，2007，第930页。

③ 谭克绳主编《中国革命根据地史》下，福建人民出版社，2007，第932页。

同志把这一口号接过来，变成了启发人民觉悟，向蒋介石要求民主自由的武器。延安和敌后各根据地，都成立了宪政促进会，轰轰烈烈展开民主政治的宣传，明确了根据地政权建设的方针（抗日，民主，缺一不可），使根据地政权工作进入了一个新的阶段。从这时起，抗日根据地，才被称为抗日民主根据地；抗日政府，也被称为抗日民主政府了。”①伴随着各根据地的民主建设，豆选也成为根据地一种非常流行的投票办法。

虽然较早提到豆选的文献是1942年5月的《〈陕甘宁边区各级参议会选举条例〉的解释及实施》，但一些地方在这之前已经开始使用豆选这一选举方式。1933年4月5日，陕甘边区第一次工农兵代表大会召开。习仲勋和红军战士们拿来几个大碗，搬来几张木桌，用土疙瘩在一块木板上写下“陕甘边区革命委员会”9个大字。简易的台子前，几个候选人间隔站着，身后台子上放着与候选人数目相等的几只旧碗。代表们手里拿着一颗小小的豆子。在那个年代，群众大多数不识字，既为了群众行使权利的方便，也为了充分体现民主和公平，就采用了这种“投豆得票”的特殊选举办法。选举正式开始了，只见代表们整齐列队，有序上台，郑重地把手中的豆子投到自己选中的候选人身后的碗里。这就是历史上十分著名的“投豆选举”。大字不识的边区农民通过投豆子选出他们满意的当家人。为此，老百姓还编了民谣称赞豆选：“金豆豆，银豆豆，颗颗不能随便丢；选好人，办好事，投到好人碗里头。”这次大会上，贫农代表周冬

① 杨居人执笔《拂晓报史话》，新华出版社，1987，第91页。

至当选为陕甘边区革委会主席，习仲勋当选为副主席。革委会成立后，习仲勋和群众一起下地种庄稼，领导群众打土豪、分田地，建立贸易集市，将边区工作开展得有声有色。习仲勋的这份真心和付出，换来的是群众衷心地拥护和爱戴。

2015年2月14日，习近平总书记到照金革命老区视察工作，当他看到纪念馆的一件特殊的展物——“投豆碗”时，对其背后所蕴含的民主性赞不绝口。“投豆入碗”的选举方法是广大人民群众参与民主选举所进行的智慧创造，这种聪明的“土办法”在陕甘边区建立起了与人民血肉相连、鱼水相依的革命政权。陕甘边区的投豆选举，充分尊重选民们的自主意愿，让真正为人民办好事、办实事的人脱颖而出。

晋察冀边区人民也有很丰富的豆选经验。中国电影界的先驱陈晨为了拍摄军民抗日纪录片，曾到过晋东南抗日根据地的中心长治，在那里他看到了一次乡选：他们不是用点香，而是用投豆的办法，在每个候选人名字前面放一个碗，选民愿意选谁就把豆子投到谁的碗里。我看到老乡们在选举自己的乡长时，十分严肃认真，他们不论青壮年，不论老头老太太，也不论拉着、抱着娃儿来参加选举的妇女，都是左思右量，有时跟旁人议论再三，才把豆子投进某个候选人的碗里……这种朴素的、然而是真正代表民

▲延安革命纪念馆内展览的投豆选举照片

意的选举，使陈晨十分感动。①

正是通过普选、竞选和豆选等选举方式，根据地建立起了真正的民主政权。美国记者贝尔登说："共产党毕竟唤醒了千百万中国农民，使他们认识到自己有权选举官员，从而向民主迈进了巨大的一步。"他还说："据我所观察到的，那里政府的贤明，是国民党区的政府根本无法比拟的。"

1940年1月，美国记者史沫特莱深入鄂豫边区采访，先后在京山大山头、八字门一带目睹了边区民选活动的盛况：不少地方选民在自己"中意"的候选人背后的粗瓷海碗里投黄豆、蚕豆或绿豆作为选票，最后根据碗中豆数确定人选。对此，史沫特莱在她撰写的《中国的战歌》一书中感叹道："这是比近代英美还要进步的普选！"这种生动演绎的"草根民主"也为日后人大表决所借鉴。土改后选举人民代表，绝大多数农民不识字，也多采用豆选的方式。

## 军事上群众独创的斗争智慧

在敌我双方武器装备对比悬殊的情况下，老区群众充分发挥聪明才智，创造出一些威力大的军工产品，屡次打败强敌，表现出可贵的创造性和斗争智慧。比如，群众创造出一种原始的触发地雷——"挨丝炮"。数百年来，闽浙赣山区人民一直用"挨丝炮"来对付深山的猛兽，闽浙赣苏区人民使用的地雷正是从古老的"挨丝炮"发展而来的。1928年，闽北的农民武装把

① 陈晨：《忆〈华北是我们的〉拍摄经过》，载《电影艺术》1961年第5期，转引自牛铭实、米有录著《豆选》，中国人民大学出版社，2014，第94—95页。

“挨丝炮”改成地雷，埋在敌人进犯的路上，极大地杀伤了来犯之敌，粉碎了敌人的进攻。

地雷战在革命战争中的巨大威力立即引起方志敏的高度重视。为了推动地雷战的广泛开展，在苏区党和政府的领导下，闽浙赣苏区上下掀起了一场“男女老少齐动手，乡乡村村造地雷”的群众性运动。1933年5月，中央苏区参观团赴闽浙赣苏区参观后撰写了《闽浙赣苏区群众的光荣斗争》一文，在文中高度评价了闽浙赣苏区军民“有创造性，创造了很多新式武器：石头炮、挨丝炮、土炸炮、土炸弹（地雷）、老虎弓、竹钉子、地雷公、陷坑……来打击敌人，消灭敌人”。[①]1934年1月13日出版的《红色中华》报道：闽浙赣苏区，在粉碎敌人几次“围剿”中，发明了很多的武器，战胜了国民党屡次的进攻，开辟有十个县的苏维埃区域。他们的武器，除军区兵工厂制造的机关枪、铁甲车等以外，还有最大多数是群众发明的。所以全闽浙赣苏区的居民，不论妇女小孩都会运用。最收效的，为拉丝地雷、挨丝地雷、踏发地雷、筚地雷、石炮、松树炮、铁炮、竹筒炮、手榴弹、老虎弓等。有一次敌人进攻，因爆发一颗，牵连七八十颗，轰射敌人……

▲群众发挥聪明才智制作的形形色色的地雷

①《闽浙赣苏区群众的光荣斗争》，载《青年实话》1933年5月21日，转引自《闽浙赣革命根据地史稿》编写组编《闽浙赣革命根据地史稿》，江西人民出版社，1984，第152页。

所以国民党军阀，只得在闽浙赣省边界周围增筑炮台，企图固守，不敢踏进一步。[①]1934年5月，中共中央在《给战地党和苏维埃的指示信》中发出号召："利用赣东北苏区的经验，充分使用挨丝炮、拉丝炮等各种各式的地雷，轰炸进攻的敌军。"从此，闽浙赣苏区创造的地雷战的作战新样式开始向全国苏区推广，还于抗日战争时期在北方普遍使用。

与此同时，刘志丹、谢子长、习仲勋等人领导的陕甘边革命根据地，在照金薛家寨建立了红军兵工厂。在最简陋的兵工厂内，工人却研制出威力颇大的麻辫手榴弹。红军将麻辫手榴弹高高地举过头顶抡数十圈，向山下用力一甩，落地即爆。它在照金苏区反"围剿"斗争和薛家寨保卫战中发挥了巨大威力。麻辫手榴弹是兵工厂几位普通工人创造出来的，体现了革命群众主动创新的智慧和锐意创新的勇气。

1939年5月1日下午，陕甘宁边区工业展览会开幕典礼隆重举行。毛泽东亲自来到会场，饶有兴趣地参观了工业展品。展品近千种，最吸引参观者的展品是军工产品，如步枪、机枪、高射机枪、迫击炮、手榴弹、地雷、复装子弹等武器弹药。其中最令人赞不绝口的是一支新颖、美观、短小轻巧的步枪。这是由刘贵福和孙云龙等人设计、制造的。新枪尚未命名，展览会因其短小，就标了个"无名式马步枪"。毛泽东对这个崭新的马步枪产生了浓厚的兴趣。他仔细地看着，拿起来拉拉枪栓，瞄瞄准星，高兴地对身旁的军委军工局负责人李强说："使上我

---

① 《闽浙赣代表谈话的片段》，《红色中华》1934年1月13日，第3版。

们自己造的枪啦！枪造得很好嘛，也很漂亮啊，要创造条件多生产，狠狠打击日寇。”

“无名式马步枪”后获甲等产品奖，主要设计者刘贵福被评为“特等劳动英雄”。在大会上，刘贵福作为劳动英雄的代表与毛泽东等领导人坐在一起，并被邀请在大会上讲了话。当晚，毛泽东宴请了刘贵福等有功人员。

除了军事武器上的独创，抗日战争时期，敌后军民创造了独具特色的伏击战、破袭战、地雷战、地道战、麻雀战等游击战的战术战法，充分发挥人民战争的威力，有效地打击了敌人，扩大了敌后抗日根据地。

根据地地道战，以冀中地区最为突出，冀中也是地道斗争的发源地。吕正操回忆：“地道的形成是经历了一个发展过程的。开始地方干部和人民群众为了防敌抓捕，在不得已时就藏入菜窖、山药窖内。继而挖掘了隐蔽洞，也只是挖在家中或院落里，叫‘地窨子’，也叫‘口袋洞’、‘蛤蟆蹲’。在这种洞里不能活动，不能作战，只能消极隐蔽，敌人一旦发现，很难逃脱。”①

地道和地道战的产生并发挥功能，“必须依靠于群众的力量，否则是不可能进行的”②。同时民众是否为地道保守秘密，是否通过地道帮助掩护中共干部和武装人员，是地道能否有效的关键。地道基本是依村而建，民众挖掘地道不仅要付出人力、

①《吕正操回忆录》，解放军出版社，2007，第210—211页。

②《八路军晋察冀军区政治部关于冀中部队各种情况下政治工作的指示》（1944年1月1日），载中共河北省委党史研究室编《冀中历史文献选编》（中），中共党史出版社，1994，第200页。

物力，相应的村庄还要承担被日军发现地道后展开报复的风险，没有政治上的支持和信任是难以想象的。地道和地道斗争开展这一事实本身，充分显示中国共产党在冀中扎根的事实。

群众还自己动手，就地取材，制成各式各样的地雷，埋在村口、路口、门庭院落，使日伪军进村入户就有可能触雷丧命。山东抗日根据地海阳县，广大民兵都参与地雷战，布雷方法也有预埋待发、飞行爆炸等多种，并由单一布雷发展到大摆地雷阵。帮助中国抗战的英国人林迈可看见一个日本人到过的村庄毁坏得不是很严重，"有人告诉我们，这是由于当地民兵非常有效地使用了地雷，日本人走后，民兵发现有30多个地雷在村的周围爆炸了。日本人担心进到村子里面太危险，只好离开，仅仅烧了一两间村边的房子"[①]，而"八路军不会踏上地雷，这得归功于住在茅屋里的村民向导"[②]。美国记者爱泼斯坦也写道："如果敌人出动了，离得最近的那个村子的人立刻从骑马来报告的侦察人员那里得到消息。实际上侦察员藏在敌军据点的大门口，他们发出警报让老百姓把粮食坚壁起来，逃到山里去。民兵埋上地雷，设上陷阱。敌人出动的消息用这样一些简单的办法，如点燃烽火或放倒山顶上的旗杆（这里乡村地形有起伏），接力传送到其他的村子。"[③]

在中国共产党的领导下，苏区经济、政治、文化等各项建

① 林迈可：《抗战中的红色根据地》，解放军文艺出版社，2005，第160页。
② 林迈可：《抗战中的红色根据地》，解放军文艺出版社，2005，第156页。
③ 伊斯雷尔·爱泼斯坦：《历史不应忘记》，沈苏儒、贾宗谊译，北京出版社，2018，159页。

设事业有了恢复和发展，苏区人民的物质生活得到了一定的改善，他们的革命热忱和生产积极性空前高涨，精神面貌焕然一新。革命改造了社会，使落后的农村成为先进的巩固的革命阵地。

抗战中的延安像一座灯塔，吸引了全国成千上万的热血青年和十几个国家百余位国际友人来到宝塔山下。在这里，他们真切地感受到扑面而来的一股新风：官兵平等一致、百姓安居乐业、社会清明祥和、政权建设民主包容……来到延安的人们，用自己的所见所闻，向全中国、全世界传递着这样一个信息：共产党是中国的希望，中国光明的未来在这里！美国军事观察小组政治顾问谢伟思在1944年7月28日的报告中指出：在这里，“到处都强调民主和同老百姓的鱼水关系”，“延安民众官吏打成一片，路无乞丐，家鲜赤贫，服装朴素，男女平等，妇女不穿高跟鞋，亦无口红，文化运动极为认真，整个地区如一校园，青春活泼，民主模范，自修，自觉，自评，与重庆另一世界”①。

谢伟思对中国共产党领导的八路军十分关注，还深入部队进行调查研究。他认为，共产党军队具有强大战斗力的原因，是中国共产党了解广大农民的疾苦，能够为他们谋利益，而且能用他们听得懂的语言，去号召他们拿起武器反抗压迫和侵略。农民支持、加入并和共产党军队一起作战，就是因为他们确信共产党是为广大民众的利益而战，是因为共产党通过给农民一

---

① 中共陕西省委党史研究室:《中共中央在延安十三年史》(下)，中央文献出版社，2016，第801页。

些明显的利益而使他们确立了这种信念。谢伟思这样写道："共产党人坚持认为，有效地进行战争要充分动员人民，这就要求对人民进行政治教育，给予他们政治权利，并进行有利于人民群众的经济改革。"有了这样广大的民众基础，共产党是不会被消灭的。他坚信，在中国的未来，共产党确定无疑地将发挥重要作用，共产党迟早会成为中国的执政党。①

老区人民在党的领导下，开动脑筋，创新创造谋发展，在艰苦的条件下走出一条创新发展的道路，体现了老区人民艰苦奋斗精神中的特质。在革命根据地建立、巩固与扩大的过程中，老区人民在党的领导下，保持着高昂的斗志和奋勇向前的革命精神，敢于和善于在艰苦环境中奋斗、开拓，克服困难，发扬"逢山开路、遇河架桥"的精神，积极发展根据地各项事业，使得革命事业在困境中求得生存发展，谱写了感人至深的光辉诗篇。

广大老区人民永远跟党走，彰显出新民主主义革命时期老区精神的鲜明时代特征。千千万万的老区人民始终坚定不移跟党走，百折不挠勇向前，为我们党夺取新民主主义革命的伟大胜利提供了有力保证。在中国共产党的坚强领导下，经过艰苦卓绝、前仆后继的浴血奋战，老区人民翻身得解放，改变了自己的命运，也创造了重整河山、改天换地的辉煌历史。

---

① 中共陕西省委党史研究室:《中共中央在延安十三年史》(下)，中央文献出版社，2016，第802页。

# 老医何以不老

# 第五章

# 老区不老：“把先辈们开创的事业不断推向前进”

2019年9月，习近平总书记在河南考察时强调：“我每次到革命老区考察调研，都去瞻仰革命历史纪念场所，就是要告诫全党同志不能忘记红色政权是怎么来的、新中国是怎么来的、今天的幸福生活是怎么来的，就是要宣示中国共产党将始终高举红色的旗帜，坚定走中国特色社会主义道路，把先辈们开创的事业不断推向前进。”长期以来，中国共产党始终与老区人民在一起，时刻关怀老区的发展，党和国家持续不间断地通过各种方式关心和支持老区的建设。在老区人民的不懈努力和社会各方面的大力支持下，革命老区的面貌发生了翻天覆地的变化，人民的生活水平有了不同程度的提高，尤其在新时代展现出了别样风采。实践证明，“老区不老，风华正茂”，老区精神不仅是战争年代克敌制胜的法宝，和平年代仍然是我们战胜困难、促进发展的不竭动力。

# 第一节
# “绝不能忘记老区人民”

习近平总书记指出：“我们绝不能忘记革命先烈，绝不能忘记老区人民，要把革命老区建设得更好，让老区人民过上更好生活。”老区无数革命先烈前赴后继，用鲜血和生命换来了今天的新中国。党和国家也一直没有忘记老区和老区人民，在各个时期通过各种方式关心和支持老区的建设发展，让老区人民过上好日子。

## "发扬革命传统，争取更大光荣"

经过抗日战争和解放战争，中国经济处于崩溃边缘，全国人民生活水平低下，而老区由于自身的自然、历史、政治的因素处于更加贫困的状态。

对于老区贫穷落后的状况，党中央一直非常关心。新中国成立不久，政务院就邀请革命老区人民代表来京参加国庆观礼活动，组织访问团慰问老区人民并带去毛泽东对老区的亲笔题词："发扬革命传统，争取更大光荣"。周恩来也说："下了山不应该忘了山，进了城不应该忘了乡。如果忘了，就是忘本。中国革命过去是以农村为根据地的，如果忘了这些根据地，就不是毛主席的好学生，就应该受到批评。"①

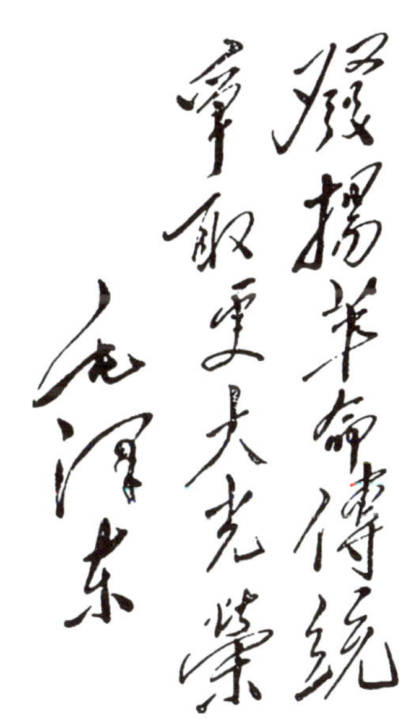

▲发扬革命传统 争取更大光荣

为全面了解和掌握老区的情况，1951年8月，中共中央派出了大规模的访问调查团，分赴南方和北方慰问老区人民，调查老区的生产和生活情况。南方访问团由当时的内务部部长谢觉哉带领，访问了中央老根据地、湘鄂赣老根据地等南方

① 周恩来：《加强老根据地的工作》（1951年10月9日），载《周恩来选集》下卷，人民出版社，1984，第73页。

老根据地；北方访问团则以华东军政委员会农业部副部长程照轩为团长，访问了陕甘宁、晋冀鲁豫等一些北方老根据地。40多天的时间里，中央访问团检查与推动对烈、军、工属的优抚工作，积极宣传党的政策，对各老区的经济社会发展和人民群众生活情况开展调研，随行的医疗队还沿途为群众医治疾病。访问调查团在回京后给中央的报告中指出：各个老根据地普遍地存在着经济恢复、卫生、文教、优抚、人民民主建设等一系列问题，人民生活依然处于较低水平。

针对上述问题，政务院发布了《关于加强老根据地工作的指示》，决定成立全国老根据地建设委员会，加强对老区的领导工作，各省、区、市也相继成立了地方老根据地建设委员会，如江西省在1952年4月就成立了革命老根据地建设委员会。同时强调“无论从政治上或经济上都必须十分重视加强老根据地的工作，大力领导与扶植老根据地人民恢复与发展经济建设与文化建设”。首先，加强老区的经济建设，这是老区进一步发展和建设的关键。其次，加强基础设施建设，改善交通运输状况。最后，加强优抚工作、文化教育、医疗卫生、民主政权等方面的建设。

1953年，内务部对两年来革命老根据地的工作进行了全面总结，并对它们的恢复和发展状况作了简单的划分：第一类是恢复发展较快的地区，约占老根据地面积的50%，群众生活基本达到一般地区水平；第二类是恢复发展较慢的地区，占30%至40%，群众的生产与生活接近战前水平，但尚未达到一般地区水平；第三类是恢复和发展较差的地区，占10%至20%，这类地区的群众在生产和生活上存在严重困难。

1956年，内务部再次组织原来在革命老根据地工作的一些老同志到老区访问，并派出一些工作组深入老区进行调查。在1957年召开的全国山区生产座谈会上，内务部副部长袁任远对进一步加强老区建设作了六点部署：一是党政各级领导要重视，不能放松领导；二是根据山区特点，发展生产和多种经济，使老区从贫困走向富裕；三是全面规划，有步骤进行工作；四是派干部亲自去老区工作，给群众做出榜样；五是运用老区优越的政治条件，发挥群众建设老区的积极性；六是坚持勤俭节约方针，发动群众，防止浪费。他还要求各有关部门重视老区的恢复建设工作，解决老区的生活困难。朱德也强调：必须重视和加强山区建设，使山区的经济发展成为全国统一经济的一部分，不断开发山区的富源，以贡献给全国的建设事业。

1958年后，由于受到"左"倾思想的影响，老区建设出现了浮夸风、"共产风"的现象，违背基本的自然规律和经济规律，使老区发展陷入困境。从1962年起，中共中央提出"调整、巩固、充实、提高"的发展方针，老区建设在贯彻执行此方针政策的前提下，克服错误思想的影响，纠正了社会中的不良现象，其发展逐渐趋于平稳。《人民日报》于1964年2月10日发表《用革命精神建设山区的好榜样》的社论，强调要充分发扬革命精神，并把革命干劲和科学态度结合起来，一定能使山区发展起来。

1965年5月，毛泽东回井冈山会见大小五井、拿山、罗浮等地的革命老人和干部时动情地说："过去井冈山的许多人民群众为了红军的生存，受尽苦难，流了不少血和汗，给了我们很大支持和帮助，我和他们同甘共苦过。”1973年10月22日，邓小平视察河北武安时指示：战争年代老区人民对革命作出了很大贡献，中央也很重视老区建设，你们一定要把老区建设和群众生活搞好，把工农业生产搞上去。

此阶段，主要是以“撒胡椒面”式即平均分摊、单纯救济的方式改善老区人民的生活水平。这种救济方式以生活救济为主，注重资金和物资输入，忽视人力资本的开发，缺乏制度化和规范化，常受到其他因素的干扰，影响了救济效果。

▼俯瞰今日武安

## "任何时候都不能忘记老区人民"

党的十一届三中全会的召开也标志着老区的建设步入新的轨道。通过拨乱反正，党中央更加关心老区的发展和老区人民生活，针对老区所制定和实施的方针与政策得到了恢复，并采取了一些新的措施扶持老区社会、经济、文化的发展，以改善老区人民的生活状况，老区建设开始呈现出蓬勃发展的趋势。

在1978年召开的全国民政会议上，民政部部长程子华提出要把社会救济工作的重点放在革命老根据地和贫困山区，强调要加强和重视老区工作。邓小平1980年在四川视察时强调："山区农民居住分散，生活很苦，政策要放宽，让山区尽快富起来……加快山区经济开发，实行退耕还林还草，发展多种经营，让农民休养生息的政策。"1984年9月，中共中央、国务院发出《关于帮助贫困地区尽快改变面貌的通知》以下（简称《通知》），要求各级党委和政府高度重视并采取十分积极的态度和切实可行的措施，帮助这些地区的人民首先摆脱贫困。《通知》总结了过去的经验和教训，并指出过去的做法收效小是因为许多政策脱离实际，且资金被分散使用、挪用或单纯用于救济，因此，必须改变指导思想，即"明确改变贫困地区面貌的根本途径是依靠当地人民自己的力量，按照本地的特点，因地制宜，扬长避短，充分利用当地资源，发展商品生产，增强本地区经济的内部活力"。通知还划定了国家重点扶持贫困县，并要求各省、自治区成立贫困山区工作领导小组等扶贫开发领导机构，安排扶贫开发专项资金，启动帮扶工作。它标志着国家对包括老区在内的贫困地区所采取的治理方式在战略思想上的转变，即由综合开发式的治理方式替代单纯救济的治理方式。

为尽快改变贫困地区的落后状况，1986年，国务院贫困地区经济开发领导小组在确定国家重点扶持贫困县时，对老区给予照顾，即国家重点扶持贫困县的标准是：以县为单位，人均年纯收入低于150元，老区放宽到200元。其中对井冈山、延安等作出特殊贡献且在国内外有重要影响的老区，则放宽至300元，以扩大扶贫政策受益范围。1990年后，由于国家经济结构调整，农村经济对减轻贫困的影响下降。为改善这一局面，1994年4月15日，国务院印发了《国家八七扶贫攻坚计划（1994—2000年）》，对扶贫开发工作作出了全面部署，明确动员全社会参与，集中人力、物力、财力，争取用7年左右的时间，基本解决全国农村8000万贫困人口的温饱问题。

党中央于1996年6月和1999年9月又先后召开大规模、高层次的扶贫开发工作会议，要求各有关地区和部门高度重视贫困问题。江泽民在考察江西革命老区时曾指出："在革命战争年代，老区人民跟着党，艰苦卓绝，前仆后继，为了中国革命的胜利，付出了巨大牺牲，作出了重大的贡献，形成了光荣传统。我们任何时候都不能忘了老区人民。我们要把老区的精神和传统世世代代传下去，永远发扬光大！"他在谈及老区扶贫问题时说："他们在革命战争年代，为党和人民的事业作出了巨大的牺牲和贡献。时至今日，老区人民中还有不少人过着缺吃少穿的日子，各级领导干部都应该为此而寝食不安。新中国成立五十年了，如果不能尽快让那里的群众吃饱穿暖，我们就无法向为建立新中国英勇牺牲的千百万烈士交代，无法向人民、向历史交代。"

在此阶段，党和政府采取了一系列的扶贫开发政策措施，如对贫困户、贫困地区实行减免税等优惠政策；除继续安排财政专项扶贫资金外，开始投放银行扶贫信贷资金；实施开发式扶贫，例如稳步推进扶贫搬迁，通过以工代赈改善贫困地区生产生活条件等。这些政策和措施在一定程度上缓解了贫困地区的压力，为贫困人口提供了更多的帮助和支持，有助于推动全国扶贫工作向更广、更深入的发展阶段迈进。在国家和地方各级政府的大力扶持下，老区的贫困问题得到有效缓解，贫困群众的收入逐步增加，沂蒙山区、井冈山区、大别山区、闽西南地区等革命老区群众的温饱问题基本得到解决。

进入21世纪，中国农村的贫困现象呈现出新的阶段性特征，贫困人口大多分布在自然条件恶劣的地区。尽管初步解决温饱的贫困人口数量有所增加，但由于基础设施建设不完善、公共服务水平低、自我发展能力弱等问题，这些贫困人员仍然需要进一步扶持。老区绝大部分地处偏远山区，自然环境恶劣，交通不便，信息不畅，这使得许多老区的基础设施建设缺乏保障，公共服务水平低下，老区人民的生活条件依然艰苦。其中，电力供应不足、交通不便、饮水困难、医疗服务不足等问题成为老区群众面临的重要问题，需要继续得到政府和社会的关注和扶持。

2006年7月，国务院扶贫开发领导小组办公室（以下简称国务院扶贫办，现已改为国家乡村振兴局）首次在湖北省黄冈市和江西省井冈山市召开了全国革命老区扶贫工作座谈会。这次会议提出，要对老区扶贫工作进行专题调查研究，以进一步改善老区的生产生活条件，促进产业发展。同时，调整完善扶贫规划，实施连片开发，统筹解决老区的基础设施、公共服务、生态建设和产业发展等问题。接着，中国老区建设促进会组织开展了老区百县千村调研活动，撰写了160份调研报告，向中共中央、国务院反映老区建设和发展所面临的困难和问题。

2007年，中共中央、国务院把指导老区开发建设的任务交给了国务院扶贫办，同时该机构成立革命老区工作办公室，负责领导和协调老区的扶贫开发工作。此举标志着老区的扶贫开发进入了一个新的历史阶段。这一阶段，党和政府进一步制定了针对老区扶贫开发的专项特惠政策，推动老区扶贫开发工作不断深化。第一，中央财政设立了革命老区转移支付和专项转移支付资金，用于老区专门事务、公益事业和基础设施建设的补助。第二，利用中央专项彩票公益金支持老区整村推进试点项目，用于老区贫困村的基础设施、环境和公共服务设施建设。

▼井冈山市民中心

第三，推进老区建设示范试点，从而解决老区的基础设施、公共服务、生态建设和产业发展等方面的问题。第四，实施老区产业扶贫，投入大量资金用于老区优势农产品生产、农村旅游和林果种植等扶贫产业和基础设施建设。第五，加大老区生态保护和修复力度，给予生态保护补偿，以鼓励老区县加强对生态的维护和保护。

2010年2月12至13日，胡锦涛在福建老区与老区干部群众共迎新春时说："在革命战争年代，老区人民为中国革命胜利和新中国建立付出了巨大牺牲、作出了重大贡献。帮助老区加快发展、改善民生，是党和政府的重要职责。今后，我们将继续实施各项扶持政策，推动老区又好又快发展。希望乡亲们继续发扬自力更生、艰苦奋斗精神，把家乡建设好，用自己的双手创造更加美好的生活。"

2011年，国务院扶贫办在确定集中连片特困地区县和国家扶贫开发工作重点县时，将老区作为优先考虑的重点，采用了增加权重的办法给予老区县倾斜照顾。这使得许多老区县被划入集中连片特困地区或被确定为国家扶贫开发工作重点县。这样的做法有助于进一步加大对老区扶贫的力度，加快老区发展，也为老区地区经济的发展提供了有力支持，一定程度上解决了老区人民的生产和生活问题。

## "确保老区人民同全国人民一道进入全面小康社会"

党的十八大以来，以习近平同志为核心的党中央高度重视、十分关怀老区的振兴发展。2012年11月，党的十八大召开，提出到2020年实现全面建成小康社会宏伟目标。一个多月后，习近平总书记来到河北省阜平县太行山深处考察。阜平县骆驼湾村是当地有名的特困村，这里的贫困状况令习近平总书记非常揪心。他在考察中说："做好扶贫开发工作，支持困难群众脱贫致富，帮助他们排忧解难，使发展成果更多更公平惠及人民，是我们党坚持全心全意为人民服务根本宗旨的重要体现，也是党和政府的重大职责。"2013年，习近平总书记到湖南十八洞村考察，他强调："发展是甩掉贫困帽子的总办法，贫困地区要从实际出发，因地制宜，把种什么、养什么、从哪里增收想明白，帮助乡亲们寻找脱贫致富的好路子。"正是在这里，习近平总书记首次提出"精准扶贫"概念。2014年10月31日，习近平总书记在上杭县古田镇参加全军政治工作会议期间，与老红军、军烈属和革命"五老"人员代表亲切座谈。他动情地说："我们永远不要忘记老区，永远不要忘记老区人民，要一如既往支持老区建设。"2015年2月，习近平总书记在陕甘宁革命老区脱贫致富座谈会上指出："加快老区发展步伐，做好老区扶贫开发工作，让老区农村贫困人口尽快脱贫致富，确保老区人民同全国人民一道进入全面小康社会，是我们党和政府义不容辞的责任。"2016年4月，习近平总书记在安徽调研时强调："全面建成小康社会，一个不能少，特别是不能忘了老区。"

党的十九大后，党中央把打好精准脱贫攻坚战作为全面建成小康社会的三大攻坚战之一。2017年12月28日，习近平总书记在中央农村工作会议上强调："全面小康目标能否如期实现，关键取决于脱贫攻坚战能否打赢。”2019年5月，习近平总书记在江西考察时指出，确保革命老区、中央苏区如期奔小康，是他十分关心的问题。2019年9月，习近平总书记在河南考察时指出，要把革命老区建设得更好，让老区人民过上更好生活。习近平总书记多次到革命老区考察调研，作出系列重要指示，殷切希望革命老区群众过上幸福美满的新生活。

党中央、国务院持续加大对老区的支持力度。2013年7月，时任国务院总理李克强和副总理汪洋分别对中国老区建设促进会提交的《关于全国革命老区调研情况汇报》作出重要批示，要求国家发改委、国务院扶贫办等部门研究调研报告提出的建议，结合新的扶贫举措，提出促进老区贫困地区脱贫致富的工作意见。

2015年11月27日，全国革命老区开发建设座谈会在北京举行，会议对今后一个时期老区开发建设与脱贫攻坚工作作出了具体的部署。会议决定加快老区基础设施建设，包括公路、铁路、水利、电力、网络等重大基础设施建设，以破解老区发展的制约因素。同时，会议提出要培养和壮大老区特色农业、红色旅游等产业，大力促进转移就业，积极有序开发老区的优势资源，加强生态建设和环境保护，不断增强老区的自我发展和可持续发展能力。另外，会议要求提高老区的基本公共服务水平，尽快补齐教育、医疗等方面的短板，加大社会保障力度，提高优抚对象的优待抚恤标准，让老区人民与全国人民共享全面建设小康社会的成果。这些措施旨在推动老区的发展，助力老区脱贫致富，为老区的振兴发展和全面建设小康社会作出了积极的贡献。

自2015年起，中国扶贫攻坚工作开始实施精准扶贫方略。为推进贫困老区脱贫攻坚，党和政府采取了一系列的政策和措施。首先，制定老区脱贫攻坚指导意见。中共中央办公厅、国务院办公厅印发的《关于加大脱贫攻坚力度支持革命老区开发建设的指导意见》，为老区的小康建设进程提供强有力的支持。其次，扩大贫困老区的扶持范围，通过实施特别扶持政策和参照执行中部地区政策等，全面加大对老区的支持力度。再次，发布专项计划推动老区振兴发展，如国家发改委制定的跨省区重点革命老区振兴发展规划等，明确老区发展的主要任务和支持政策，加快老区振兴发展。最后，以区域发展带动老区脱贫攻坚，国务院通过批复实施区域发展与扶贫攻坚规划，带动老区发展并促进贫困人口脱贫致富。这些措施旨在加大对老区的支持力度，加快老区的振兴发展，为老区的脱贫攻坚和全国的扶贫工作作出了积极的贡献。

在习近平新时代中国特色社会主义思想的指引下，支持革命老区振兴发展的“1+N+X”政策体系得以形成。该政策体系包括一个总体指导意见和“N”个实施方案，其中包括《“十四五”特殊类型地区振兴发展规划》和“十四五”时期支持革命老区巩固拓展脱贫攻坚成果衔接推进乡村振兴、红色旅游发展、基础设施建设、生态保护修复等相关领域的实施方案。同时，政府加快出台“X”项支持政策，包括对口支援、干部人才、财政金融、土地利用等支持政策。近年来，国务院办公厅、国家发改委等部门还印发了多项支持工作方案和建设方案。

政府还为老区振兴配套了指导规划。例如，2015年财政部印发的《革命老区转移支付资金管理办法》规范了老区转移支付资金的使用，并扩大到23个省、自治区、直辖市。同时，红色旅游产业的快速发展也形成了"红色旅游+"的效应，将红色旅游和其他产业结合起来，如文化教育、休闲旅游、健康养生、电商等，从而促进老区旅游产业的多元发展和大众化建设。对于老区城市基础设施的建设，政府采取了一系列支持措施。例如，2022年，国家发改委印发了《革命老区重点城市对口合作工作方案》，明确了重点城市和项目，支持老区城市基础设施建设等，从而为新时代老区的进一步发展提供了更多的机会。

▼瑞金叶坪红色旅游区

另外，政府还制定了一系列支持革命老区的税收优惠政策，用以提高老区企业的竞争力。例如老区企业所得税优惠政策、老区房地产开发企业所得税优惠政策、老区新兴产业企业所得税优惠政策等，这些税收优惠措施有针对性地鼓励和扶持老区企业发展，保障了老区企业的创新发展，推进了老区经济的快速发展。

政府还大力支持老区的人才培育。例如，对到老区工作的人才实行津贴政策，对没什么固定收入来源的返乡农民工进行培训或职业培训以提升其能力；同时，政府鼓励院校、科研机构与老区企业开展产学研合作，弥补老区科技人才短缺的不足。

脱贫攻坚是举全国之力展开的伟大壮举，惠及老区人民。脱贫攻坚行动实施以来，我国大力实施东西部扶贫协作，东部9个省、14个市结对帮扶中西部14个省区市，全国支援西藏和新疆，东部343个经济较发达县市区与中西部573个贫困县开展携手奔小康行动；开展定点扶贫，307家中央单位定点帮扶592个贫困县，军队定点帮扶4100个贫困村；进行社会动员，12.3万家民营企业参与“万企帮万村”精准扶贫行动，帮扶7.28万个贫困村；2012年到2020年，各级财政专项扶贫资金累计投入近1.6万亿元，扶贫再贷款累计发放6688亿元。习近平总书记指出：“这在世界上只有我们党和国家能够做到，充分彰显了我们的政治优势和制度优势。”

政府通过对老区的资金扶持、税收优惠、人才培育等一系列措施，保障了老区的经济发展和群众的脱贫之路。这些政策和措施为革命老区的发展提供了有力支撑，加速老区开发建设步伐，推动老区打赢脱贫攻坚战，让老区人民与全国人民一道步入了全面小康社会。脱贫攻坚的胜利，带来了老区人民生活的根本改变，他们"过上好日子"的愿望成为现实。

2021年2月25日，习近平总书记在全国脱贫攻坚总结表彰大会上庄严宣告："经过全党全国各族人民共同努力，在迎来中国共产党成立一百周年的重要时刻，我国脱贫攻坚战取得了全面胜利，现行标准下9899万农村贫困人口全部脱贫，832个贫困县全部摘帽，12.8万个贫困村全部出列，区域性整体贫困得到解决，完成了消除绝对贫困的艰巨任务，创造了又一个彪炳史册的人间奇迹！"

# 第二节
# 老区人民新风貌

老区精神在革命战争年代是党领导全国人民争取革命胜利、建立新中国的法宝，是党根本宗旨和优良作风的重要体现，是值得我们倍加珍惜的精神财富。在进行社会主义现代化建设的新时期，老区精神更是推进中国特色社会主义事业的强大精神动力。新中国成立以后，老区精神非但没有过时，反而随着社会主义现代化建设的实践，显示出旺盛生命力，越来越凸显出它的当代价值，推动老区面貌发生了历史性变化，并不断赋予其新的时代内涵。

## "水过不去、拿命来铺"

革命老区历经沧桑，在生态环境、科教文化、经济社会发展等方面存在不少的困难和挑战。老区人民不屈不挠、顽强拼搏、不畏艰难险阻，以实干守护一方土地，以智慧创造一片新天地，在先辈洒下热血、铸造辉煌的土地上继续发扬老区精神，展现新的风貌。

在贵州省遵义市播州区平正仡佬族乡草王坝村，有一位老共产党员黄大发，他被誉为"当代愚公"。他领导修建了一条"生命渠"，这条渠由7200米主渠和2200米支渠组成，蜿蜒盘旋在大山之间，穿越险崖，滋润了曾经干涸贫穷的草王坝村，修建它花费了30余年的时间。1958年，黄大发当选为草王坝大队大队长，他承诺要想方设法为人民通上水，让大家吃上米饭。可是由于缺乏资金、技术和劳动力，用黄泥巴敷成的渠壁难经风雨，水渠修修补补十几年，没法再用。但是黄大发始终没有放弃，他心里有一个执念：自己是村支书，有责任修通水渠，解决村里人畜饮水问题，改变贫困现状。他立下"水过不去、拿命来铺"的誓言，每天带领200多人的队伍进山，施工队在前面凿壁打槽，村民们在后面挑土砌堡，不分昼夜寒暑，每天坚持苦干到天黑，天黑后他们才打着灯笼、火把手牵手地回家。为了完成建渠任务，他的鞋子磨破了，因为没有钱买新鞋，脚趾头都露了出来。他还赤脚步行到20多公里外去背炸药，双脚磨破皮，血淋淋的。有人想要为他买双新鞋，他却坚决拒绝了。

黄大发一直都在想着如何带领村民致富，而他自己却勤俭朴素，生活过得如同清澈的渠水。他用自己的汗水和辛勤劳动为草王坝村带来了生命的源泉，使村民们摆脱了贫困与缺水的困境，实现了粮食自给和土地增产。他的信念和奋斗精神，成为草王坝村的骄傲和传统，更是为整个社会树立了榜样。

河南省林州市（旧称林县），位于晋冀豫三省交界处，历史上严重缺水。据史料记载，从明朝正统元年（1436年）到新中国成立的1949年，500多个春秋，林县发生自然灾害100多次，大旱绝收达30次。其间，当地虽然修建了不少水利工程，但并没有从根本上解决问题。直到1959年再遇大旱，林县县委决定将浊漳河引入林县，修建红旗渠。红旗渠工程于1960年2月动工，当时正值三年困难时期，资金粮食极度匮乏，全县技术人员仅有28名。在如此艰难的条件下，林县人民靠一锤、一铲、一双手，苦干10多个年头，硬是在万仞壁立、千峰如削的太行山上，削平1250个山头，架设152座渡槽，凿通211个隧洞，建成了全长1500公里的“人工天河”。有人做过计算，如果把修红旗渠所挖砌的1696.19万立方米土石垒成宽2米、高3米的墙，可以将哈尔滨和广州连接起来。红旗渠的建成，结束了林州“十年九旱、水贵如油”的苦难历史，从根本上改变了林州的生产生活条件。林州人民亲切地称红旗渠为“生命渠”“幸福渠”。

在修建红旗渠的人群当中，有一支专门负责除险的队伍。共产党员任羊成担任除险队队长。除险队员每人身上系着几十斤重的绳索，手上拿着特制的铁钩，像荡秋千一样在悬崖上

▲群众修渠现场

荡来荡去，除去险石。如果稍有闪失，身体与崖壁撞击，后果将不堪设想。除下来的石块又往往是顺着手中的铁钩往头上走的，所以，一不留神，很容易砸着他们自己，随时都有生命危险。工友们跟任羊成开玩笑说："羊成啊，你这是在老虎嘴里拔牙啊！"一次除险时，一块拳头大小的石块掉下来，正好打到他的嘴上，任羊成当时只觉得眼前一黑，就昏了过去。一会儿清醒后，他嘴里鲜血直流。他张了张嘴，却不会说话了，原来是石块砸在他的嘴上，门牙横在嘴里，卡住了他的舌头。在进行凌空除险作业时，喊不出话来就无法跟上面拉绳子的人配合。他们之间互相是看不见的，只能顺着绳子喊，靠绳子传递声音。"呜——"的一声是放绳子，再喊就是停，喊不出来就无法施工。情急之下，任羊成拿起腰间随身携带的一把钳子，将受伤的牙硬生生地连根拔了下来，不顾鲜血直流，在悬崖上又连续作业6个小时。

炮手常根虎，腰系绳索，凌空作业，负责在崖壁上放炮爆破，他置生死于度外，一马当先，排除瞎炮，扫清安全隐患；舍己救人的女英雄李改云，在崖石就要坍塌的紧要关头，奋不顾身地推开战友，自己却永远失去了一条腿；凿洞英雄王师存，为了凿开曙光洞，不畏难险，七次陷于塌方的洞中，九死一生，仍然不下火线；风华正茂的工程技术骨干吴祖太，一心扑在工地建设上，精心勘测设计出一张又一张施工图纸，当王家庄隧洞施工出现塌方时，他冒着生命危险入洞查险，不幸因隧洞坍塌而失去了年轻的生命……修建红旗渠的过程，是林县人民改变命运的过程，也是锻造英雄的过程。为了修建红旗渠，共有189名英雄儿女献出了宝贵的生命，256人重伤致残，他们用血肉之躯乃至生命的代价，谱写了一曲又一曲艰苦奋斗的壮歌。

老区人民在社会主义现代化建设过程中发扬艰苦奋斗和积极进取精神，代表了老区人民热爱家乡、热爱生命、积极向上的精神追求和坚定信念，这也成为中华民族的一笔宝贵精神财富。

## “有条件要上，没有条件创造条件也要上”

老区人民发扬自力更生精神，通过自发自力建设和创业创新，实现了经济发展和社会进步的目标。这既体现了老区人民的追求和价值观念，也体现了老区人民的创造力和智慧。

新中国成立初期,石油资源匮乏,严重的“贫血症”制约着新中国的发展。因为缺油,北京的汽车背上了煤气包,有的地方汽车甚至烧起了酒精、木炭。毛泽东曾这样感叹:“要进行建设,石油是不可缺少的,天上飞的,地上跑的,没有石油都转不动。”

1960年,东北松辽石油大会战打响。王进喜率领1205钻井队以“宁肯少活二十年,拼命也要拿下大油田”的顽强意志和冲天干劲,打出了大庆石油会战的第一口油井,创造了年进尺10万米的世界钻井纪录。“有条件要上,没有条件创造条件也要上”,王进喜的铿锵誓言,穿越时空,久久回荡。

1959年,“松基三井”喷出的油流让人们看到了大油田的希望。但是,摆在人们面前的是前所未有的困难和挑战:缺经验少技术、钻井开发设备落后、油藏地质条件复杂、自然环境极度艰苦……“这困难,那困难,国家缺油是最大的困难”“我们有能力找到大油田,也一定能够开发好大油田”,广大科研工作者和以铁人王进喜为代表的中国石油工人,头顶蓝天、脚踏荒原,克服重重困难,建设大庆油田,为新中国的发展输送“血液”。到1963年底,大庆油田累计生产原油1155万吨,我国石油因此实现基本自给,一举甩掉了中国“贫油”的帽子,真正为国家争了光,为民族争了气。在建设大庆油田的过程中,涌现出以“铁人”王进喜、“新时期铁人”王启民、“大庆新铁人”李新民为代表的一大批先进模范人物……他们和千千万万大庆石油人一道,让大庆精神和铁人精神历久弥新。大庆石油人胸怀祖国、战天斗地、激情创业,从“石油大会战”到“高科技新会战”，一代又一代大庆石油人接力奋战，在亘古荒原上建成我国最大的石油生产基地，为我国工业发展立下了汗马功劳，让老区精神有了更加深厚的精神内涵。

小岗村隶属安徽省凤阳县小溪河镇，坐落于凤阳县城东部。在二十世纪七八十年代，小岗村只有20户人家，是一个吃粮靠返销、用钱靠救济、生产靠贷款的“三靠村”，经济发展极其艰难。人民公社体制和“左”倾错误严重挫伤了农民生产的积极性，生产队上工是“头遍哨子不买账，二遍哨子探头望，三遍哨子慢慢晃”，“晚上工、早下工，到了地里磨洋工”。农民埋怨“辛辛苦苦干一天，不值一包光明烟”。但在1978年的一个冬夜，小岗生产队的18户农民悄悄聚集开会。大家一致同意：分田到户包干，对外隐瞒；各户必须保证完成每年午秋两季上交给国家和集体的任务量；队干部如因单干“蹲班房”，其他社员帮助其家庭完成农活，并把他们的小孩养到18岁。会议结束，大家签订了保证书，并按下了鲜红的手印，小岗村的18位农民以“托孤”的方式，不惜冒着极大的政治风险，将原本属于村集体的土地分田到户。签下分田到户的协定后，小岗村的村民们分田单干，责任到人，生产热情得到极大的提高。保证国家的，留足集体的，剩下都是自己的。1979年，小岗村迎来农业大丰收，粮食总产量由往年的3万多斤，猛增到13万多斤，几乎相当于1955年至1970年粮食产量的总和。油料3.5万斤，相当于过去20年产量的总和，村民的人均口粮由180斤增加到700斤，人均收入由22元增加到400元。这一年小岗队交售粮食6.5万斤，油料2万多斤，归还国家贷款800元。这是小岗村

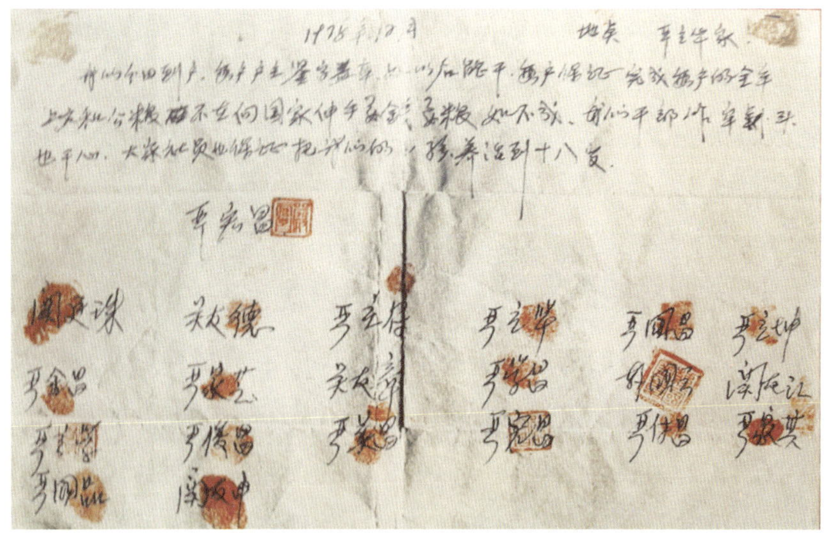

1978年12月　　地点　严立华家

我们分田到户，每户户主签字盖章，如以后能干，每户保证完成每户的全年上交和公粮，不在向国家伸手要钱要粮。如不成，我们干部作牢杀头也干心，大家社员也保证把我们的小孩养活到十八岁。

严宏昌

▲包干到户契约书

自合作化以来第一次向国家上交公粮，归还贷款。18位村民的这一按不但改变了小岗村村民的命运，而且影响了中国农村此后数十年的发展。其中饱含的敢于创造、敢于担当、敢于奋斗的精神在老区的发展史上写下了光辉的一页。

20世纪50年代中期，王震根据党中央的指示，先是率领铁道兵，后又指挥10万复转官兵挺进黑龙江荒原。随后，14万复转官兵，10万大中专院校毕业生，20万山东、四川等地的支边青年，54万城市知识青年和地方干部、农民组成的垦荒大军，继承和发扬解放军的光荣传统和南泥湾精神，头顶蓝天、脚踏荒原，人拉肩扛，搭马架、睡地铺，战胜重重困难，在茫茫沼泽荒原上建起了一大批机械化国营农场群。老一代北大荒人数十年如一日，艰苦创业，自强不息，为垦区的开发建设“献了青春献终身，献了终身献子孙”。

一个个老区以各自优势展现出老区人民特有的魅力和风采，让老区呈现出一派生机勃发的景象。敢闯敢试，勇于创新，是老区自带的“先天”品格，也是老区人民履行好新的历史使命的精神动力。

## “为了人民的利益，有一分热就发一分光”

为人民服务的老区精神是老区人民的宝贵精神财富。作为一种深深地植根于老区人民心中的精神，它不仅充分鼓舞人心并激励人们为自己的理想、信仰、事业而奋斗，而且代表着为社会作贡献、无私奉献的高尚情操，体现在老区人民的行为和言语中。

回望1998年的那个夏季，洪水来得迅猛。长江、珠江、松花江告急，江南、华南大部，北方局部，均受特大洪水侵袭，29个省区市2.23亿人受灾，农田屋舍陷入泽国。抗洪抢险斗争中，不计其数的人集结在党旗下，抵抗一次次洪峰，保卫我们的家园。

李向群，海南琼山人，1978年生，1996年入伍，是原广州军区“塔山守备英雄团”九连战士。1998年8月5日，休假在家的李向群主动归队，赴湖北荆州抗洪抢险。别人一次扛一个沙包，李向群坚持要扛两个。两个半小时，李向群的双肩被编织袋蹭破了皮，渗出了鲜血，他一共扛了50多趟，是全营扛沙包最多的。14日，李向群在抗洪抢险一线光荣地加入中国共产党，用实际行动践行了他的入党誓言，用担当扛起使命。在抗洪前线，他连日奋战，身体不支，高烧不退，几次晕倒在荆州长江

▲经过战士们的鏖战，九江大堤决口被封堵

大堤上。但是病情并没有阻挡他的脚步，一听有情况，他就拔掉身上的针管“逃出”卫生队，再次回到抗洪抢险的战斗中。21日，在紧张战斗半小时、扛了20多袋沙包后，李向群因疲劳过度，栽入水中，口吐鲜血，昏死过去。经过半个多小时的抢救，李向群慢慢睁开了眼，此时他已生命垂危，但张口问的还是：“大堤保住了没有？”最终，他因劳累过度，抢救无效，于1998年8月22日壮烈牺牲，年仅20岁。李向群是“九八抗洪”中无数老区军民的一个代表，用生命实践了“生命不息，奋斗不止；为了人民的利益，有一分热就发一分光”的人生追求。

2008年5月13日凌晨，原济南军区“叶挺独立团”接到紧急赴四川地震灾区执行抗震救灾任务的命令，原本被连队安排留守的武文斌主动请战，前往灾区。武文斌出生在河南省邓州市一个尚武的农村家庭，从小就对军营充满向往。高中毕业时，他被河南一所大学机电一体化专业录取，却毅然选择了从军。

到达灾区后，武文斌和战友们始终奋战在抗震救灾第一线。转移群众，他肩扛背驮走在最前面；搜救失事飞机，他不畏艰险，先后3次滚下山坡；灾后重建，他一个人干几个人的活，身上多处被划伤。但他一直挥汗奋战，拼命工作，从未喊过一声苦一句累。在执行任务过程中，武文斌始终坚持在最苦最累的战斗一线，被战友们称为“拧不坏的螺丝刀”。6月9日，连队奉命帮灾区群众安装板床，武文斌抢着承担了繁重的拧螺丝任务，手套磨破了，就开始“徒手作业”，满手都是血泡。战友让他休息休息，他说：“不碍事，我们早一分钟把床装好，群众就少受一分钟的罪。”一天下来，全连安装了800多套板床，武文斌一个人就安装了50多套，拧了1400多个螺丝。当战友问他为什么干得这么快时，他举起磨出血泡的手，自豪地说：“看，我们铁军都有双铁手！”6月17日晚，连续劳累几天的武文斌和战友们再次执行活动板房的卸载任务。任务完成后，他却放弃休息时间，又去帮助别的班排战友卸车。当晚9时许，武文斌因过度劳累而导致肺部出血，经抢救无效光荣牺牲。武文斌用自己的实际行动践行了不怕牺牲、不怕苦难、矢志为人民服务的老区精神。

最是风雨考验人，最是风雨见精神。老区人民始终坚持为人民服务的理念，不断提高服务水平、增进群众福祉、促进社会和谐。在这个过程中，老区人民始终坚持以政治引领、制度保障、措施实施为中心，强化服务人民、服务社会的责任担当，取得了令人称道的成果。

# 第三节
# 革命老区风华正茂

在党中央的关怀下，革命老区广大党员干部群众大力弘扬老区精神，坚定不移跟党走，为实现美好生活而奋斗，谱写了一首首革命老区全面脱贫的壮丽诗篇。在脱贫攻坚战取得胜利之后，革命老区又成为全面实施乡村振兴、描绘好新时代改革发展新画卷的主战场。老区不老，风华正茂。革命老区呈现出产业红、人才聚、文化兴、生态美、组织强的新面貌。

## 产业振兴促增收

致富的火种点燃后，产业兴旺便成为实现共同富裕的题中之义。新时代产业发展新动能蕴藏于革命老区的青山绿水之间。革命老区和老区人民坚持新发展理念，弘扬艰苦奋斗精神，锚定目标砥砺奋进，蹚出了一条产业创新发展新路。

赣南原中央苏区是中国共产党治国理政的试验田，人民共和国从这里走来。《国务院关于支持赣南等原中央苏区振兴发展的若干意见》出台以来，这里干在实处、加速提质，呈现出一片生机勃勃、欣欣向荣的景象。这一切离不开当地党和政府大力推进新兴产业发展的战略。赣州市积极布局新能源汽车、生物医药、电子信息、工业物联网、智能制造、5G应用等战略性新兴产业，集中引进一批创新型、引领型的龙头企业和产业契

▼革命老区赣州发展蓬勃

合度高、创新互补性强的配套企业，构建起现代产业体系。强势崛起的产业集群，挺起了赣州工业的脊梁。赣南原中央苏区自我"造血"功能持续增强，主要经济指标增速持续高于全国、全省平均水平。江西省54个原中央苏区县GDP全部实现十年翻番，赣州则跃升为全国百强城市。

福建每年安排财政资金20亿元以上，支持老区苏区发展茶叶、蔬菜、水果、畜禽、渔业、食用菌等乡村特色产业。革命老区平和县，凭借蜜柚果创下种植面积、产量、产值、市场份额、品牌价值和出口量6个"全国第一"。革命老区清流县林畲镇石下村发展鲜花、茶叶、水产养殖等富民产业，建设全省单体面积最大的万亩茶叶观光园、全省最大的澳洲鳕鱼养殖基地。脱贫户罗根发在村里的鳕鱼厂上班，妻子在一家花卉公司上班，而且他们在业余时间还能种田养鸡鸭。老区人民通过在家门口就业，过上了向往的美好生活。

位于浙闽两省交界处的浙江省庆元县隆宫乡，是一片有着深厚红色底蕴的土地。走进隆宫乡黄坑村，第一眼就能看到一块雕刻着"革命老区村"的石碑。1941年8月，中共建（瓯）松（溪）政（和）特委在隆宫乡一带坚持游击战，应对敌人的"清剿"。如今，在老区精神的引领下，隆宫乡这片红色土地凭借着丰富的毛竹资源，不断做大做强竹产业。2022年初，"庆元毛竹特色产业园"和"双枪隆宫小微园"在隆宫乡开园，园区吸引了浙闽两省的竹木加工企业纷纷入驻。大柘镇是浙西南第一个党组织的诞生地。茶叶是大柘镇的特色产业，该镇建有高山名茶电商产业园、茗道茶业社会化服务中心、剑光茶厂展示型厂房、车前高山老树红茶基地等产业基地，以本地茶产业为依托，形成了一条集茶叶生产、加工、销售于一体的完整产业链。同时，该镇通过数字赋能，带动茶产业转型提升，推进“万亩茶海”开发，促进茶业与文旅产业进一步融合，建设成宜居、宜业、宜游的茶叶小镇。

在河南省，革命老区新县发展油茶产业的条件得天独厚。10余年间，新县油茶林发展到30多万亩，形成了集种苗、基地、加工、科技、旅游和文化于一体的油茶产业体系。在山东临沂革命老区，“村村有烈士，家家有红嫂”，他们用热血把忠诚和担当写在了八百里沂蒙大地上。临沂老区人民敢闯敢拼，艰苦创业，将临沂发展成为万商云集的全国规模最大的市场集群和江北物流之都，实现了这里从连片贫困到整体脱贫，再到全面小康的“三级跳”。临沂市兰山区凭借着生产运输成本比全国平均低三分之一的优势，发展兰山木业，带动了30万人就业。另外，兰山区周边还诞生了服装专业村、陶瓷专业村等多个专业村。

产业是发展的根基，只有产业振兴才能促进革命老区全面振兴。习近平总书记指出，产业兴旺，是解决农村一切问题的前提。革命老区立足当地特色资源，顺应产业发展规律，打造特色产业集群，延伸产业链条，丰富产业发展新业态，做足传统产业“存量”文章、新兴产业“增量”文章、未来产业“变量”文章，由此释放革命老区振兴发展潜能，为革命老区高质量发展赋能。

## 人才振兴激动能

人才是第一资源，革命老区振兴发展离不开建设一支规模宏大、素质优良、结构优化、作用突出的优秀人才队伍。革命老区以更加开放的态度、有效的举措、务实的作风，走出了一条人才引领振兴发展的新路子。

赣南原中央苏区积极培养乡村本土人才，不断壮大致富带头人队伍。瑞金、寻乌、于都、兴国等原中央苏区县支持农民参加农业职业教育和各类技能技术培训，选派科技特派员到乡村开展农业产业技术指导，培养了一大批适应现代农业发展、乡村振兴需要的"土专家""田秀才"，增强了农村发展"内力"。各级党和政府关心帮助回乡工作的各类人才，切实解决他们的就医、子女教育等诉求，形成了一支留得住、能战斗的人才队伍。革命老区不仅是老区人民回得去的家乡，而且还成为吸引无数人才前来干事创业的沃土。在赣南原中央苏区，广东的科技创新企业迁往赣州后在转型中升级，全面更新设备厂房，整装再出发。"国字号"科研平台也来了。海归博士来到赣州创建科研实验室，他们的一系列专利成果不仅成就了他们个人，也成就了赣州。位于赣州的国家钨与稀土产品质量监督检验中心是中国科学院与江西省共同组建的联合实验室，专家团队由中科院院士、研究员等多位稀土领域权威专家组成。这样的"国字号"科研平台已有多个落户赣州，这在全国的地级市层面都是十分少见的。

革命老区福建省长汀县深化"人才强县"战略，紧紧围绕产业发展和社会需求，采取了一系列措施构筑特色人才基地。一是构筑水土保持人才基地，推动水土的深层治理。长汀县加强与中科院等院校合作，共建南方水土保持与绿色发展研究院等科研平台，形成“四站二院一中心”，聚集了一批规格高、层次高、技术雄厚的水土保持科研团队，强化科技协作和推广应用，在实践中培育水土保持人才，带动深层治理水平提升。二是构筑稀土人才基地，蓄积发展动力。推进稀土工业园区申报省级高新技术产业园区、省级军民融合高技术产业基地，有序开展福建省稀土功能材料山海协作创新中心建设，为稀土人才提供优质发展环境。三是构筑医疗器械人才基地，打造产业集群。高标准、高水平打造孵化器及全组学实验室、医通快检中心、医疗器械商贸中心、医疗器械展示中心等4个公共服务平台，为企业提供研发、人才、技术咨询等资源共享服务。

在广西，百色市紧紧围绕左右江革命老区振兴规划，以创新人才保障机制为主线，在政策创新、人才支持、服务体系等方面持续发力，着力营造识才爱才敬才用才的人才环境。在人才工作中把细化人才分类与量身定制政策紧密结合，极大提升了人才政策供给的精准度，形成了有利于人才干事创业的良好政策环境。在优化人才认定方面，将原有3类高层次人才拓展为5类，人才层次更加完善，分类更加精准。人才引进来，还要留得住。百色市在政治引领、关爱服务、典型示范等方面下功夫，施行“红城英才卡”制度，持卡专家可享受子女教育、快捷落户、医疗保障、交通出行、休闲旅游等方面的高效便捷服务；百色市创新设立试验区人才发展公益基金，在培养、奖励、引进人才等方面提供资金支持。

在河南，革命老区桐柏县积极构建创新平台，不断提升人才的吸纳力和承载力。桐柏县与国家饲料工程技术研究中心签订战略合作协议，发展生物饲料产业；与南阳师范学院签订战略合作协议，共建就业实习基地；与郑州师范学院共建"兰花产学研基地"，依托高校人才技术优势，发展兰花产业；推动企业与高校合作，共建"新材料研发中心""生态茶工程技术研究中心"等；推动人才下沉、智力下移，成立"人力资源和社会保障部科技助推河南南阳中医药发展提升专家服务团桐柏工作站""南阳艾产业学院桐柏分院"等。

在山东，革命老区临朐县聚焦产业发展需求，围绕高端铝加工、新材料、高端食品、装备制造等特色产业，依托国家和省市重大项目、重点创新平台、新型研发机构等，坚持"一事一议"，以申报市级以上重点人才工程为抓手，引进一批引领支撑临朐高质量发展的科技领军型人才。着眼于"引"，更注重"培"。临朐县组建创业"专家志愿团"和"创业导师团"，从"选种""育苗"到"成材""造林"，实行跟踪培养和孵化扶持，让人才种子开花结果。将企业人才价值与发展需求捆绑，采取"师徒组合""换岗互学""以师带徒"等多渠道方式，提供定制服务和"一对一"辅导。实施高素质农民培育计划，深入挖掘一批"土专家""田秀才"，着力培养一支懂科学、有技术、善经营、会管理的新型职业农民队伍。

人才促进革命老区的发展，给老区人民带来实实在在的实惠。在革命战争年代，无数先辈在井冈山以坚如磐石的信念点燃了全国革命胜利之火。进入中国特色社会主义新时代，红军后代以坚定的决心意志，在脱贫致富的征途上勇闯新路，奋力开创美好生活。神山村的彭展阳原本在山外一家企业的技术部工作，但为了改变家乡面貌，他毅然回乡发展乡村旅游。2017年，他和几个村民发起成立神山村旅游协会，大力推进美丽庭院建设，统一农家乐配套设施。目前，神山村有超过50%的村民参与到乡村旅游服务中，实现村民和村集体同步增收。在浙西南革命老区云和县元和街道梨庄村，传统雪梨产业一度式微。常年在外经商的梨庄村党员雷宗明，在当地党和政府的号召下，经过反复斟酌决定回乡创业，踏上了振兴雪梨产业之路。他在农业科技人才的帮助下将老雪梨树与早熟梨“翠冠”等品种进行嫁接，同时矮化种植，使雪梨口感和产量大幅提升，在市场上广受欢迎，使雪梨价格也从原先的每公斤4元涨到20多元。看到雪梨销售走俏，村民们纷纷前来取经，昔日无人打理的梨园又逐渐恢复生机。如今，梨庄村成为云和县打造万亩云和雪梨产业带的主阵地之一。

人才建设成为革命老区发展“加速器”。革命老区打好资源富集牌、政策红利牌、区位特色牌等“组合拳”，引进培育各类人才，让更多有情怀、有志向、有能力的“千里马”竞相奔腾，集聚了一支高素质人才队伍，为革命老区发展提供了坚强有力的智力支撑。

## 文化振兴树新风

革命老区发展，既要塑形也要铸魂。在革命老区，传播社会主义先进文化、弘扬中华优秀传统文化、继承发扬革命文化，有利于润民心、聚人心。各级党和政府着力打通宣传、教育、服务群众的“最后一公里”，走出了一条新时代革命老区文明实践的新路。

老区群众既要富“口袋”，也要富“脑袋”。在赣南原中央苏区，从2020年7月起，瑞金市启动瑞金教育发展史上投资规模最大、建校数量最多的校建工程：全市新建16所学校、幼儿园，迁建、扩建5所中小学。2022年1月，瑞金市教育局又启动“我为母校（学校）建球场”活动，积极发动历届校友、当地乡贤和社会爱心人士（企业）筹集资金，完善中小学学校体育设施。优化学校布局可以在一定程度上解决“有学上”的问题，但“上好学”则更需要学校的内涵式发展。在闽西，革命老区龙岩市采取“集团化”的发展策略，以优质学校为牵头单位，采取“名园带民园”“名校（园）带分校（园）”“名校（园）带弱校（园）”等“1+N”紧密型或协作型模式组建教育组团，并逐步由中心城区向各区县推广。

在山东，革命老区莒南县针对“学习困难和厌学学生萌发停学辍学想法”“未升入普通高中的农村初中毕业生接受中等职业教育愿望不强”“特殊教育走教上门任务繁重”等教育问题，精准实施义务教育控辍保学、精准招生扶贫、关爱特殊群体、其他民生实事等四大专项工程，并制定了任务、问题、责任、时限、绩效“五张清单”，聚焦问题短板、项目资金精准发力，保障寒门学子升学、就业通道畅通，呵护特殊少年儿童同样接受教育、快乐成长。在广西，革命老区东兰县引导全县各中小学校将党建元素、红色元素融进校园文化、制度文化和精神文化。以入团入队、升旗等仪式和重要节日、纪念日为载体，举办中小学生艺术节、演讲演唱、民族体育活动等各类主题活动，让红色教育进课堂、进教材、进头脑，全面构建“红色育人”校园环境。

在方志敏烈士的故乡江西省上饶县漆工镇湖塘村，红色资源保护利用与美丽乡村建设实现了有机结合。村里的英雄山广场、英雄山公园、方志敏足迹园等红色纪念场馆，与宽敞整洁的柏油路、郁郁葱葱的果树林、白墙黛瓦的居民房，共同绘就成一幅美丽的田园画卷。“到处都是活跃跃的创造，到处都是日新月异的进步”，方志敏在狱中写下的《可爱的中国》所描绘的美好愿景已然实现而且更好。甘祖昌将军的家乡江西省莲花

▼漆工镇湖塘村方志敏故居

县深入挖掘30余位革命英模先进事迹，收集整理了530余个红色故事，建成党建VR沉浸式展馆1个，村级红色陈列室100余个，村民接受革命传统和理想信念教育，互帮互助、乐善好施蔚然成风。

各级党和政府还推动优秀传统文化和革命文化传播来滋润老区群众的心灵。广东省湛江市杨柑镇老麦村建设了占地面积700多平方米的革命史展览馆，同时打造了长约600米的中华文化街，将关于远古神话传说、孝道文化、"一带一路"等的精彩故事，用彩笔镌刻在绵长的围墙上，一幅幅色彩斑斓的文字与彩画，让群众在家门口享受文化盛宴。在革命老区湖北省红安县，"红安绣活"的传承人席和玉在长胜街开了一家沿街店铺，展示并出售自己和乡亲们制作的手工艺品，推动地方优秀传统文化的发展。她的店里陈设着简单质朴的老布鞋、花样繁复的娃娃鞋、针法奇特的手工鞋垫等多种精美绣品，引来不少游客驻足观赏。每年席和玉都会组织好几场培训，每期都有上百人参与。"红安绣活"技艺带领村里的"宝妈"过上了更加幸福美好的生活。

实现文化振兴是革命老区建设的内在要求，也是革命老区繁荣发展的内生动力和核心保障。革命老区以更高标准、更大决心、更强举措、更实作风，继续谱写文化振兴新篇章，答好以文化人的人文卷。

## 生态振兴换新颜

革命老区坚持"绿水青山就是金山银山"理念，统筹推进山水林田湖草沙一体化保护和修复。老区人民像保护眼睛一样保护自然和生态环境，推动产业生态化、生态产业化，让良好生态环境成为高质量发展的增长点、高品质生活的支撑点。

行走在赣南大地上，于都河与赣江水仍如当年一般静静流淌，而这里的城乡面貌早已随时间悄然变化。对此感受最深的是赣州本地人。许多赣州人感慨，这些年是新中国成立以来赣州发展最快、城乡面貌变化最大、老百姓受益最多的几年。在他们的眼里，家乡已不再是起步晚、基础差、生态环境脆弱的革命老区。老区的“新颜”具体而生动，百万亩防护林郁郁葱葱，如苏轼当年所描述的“山为翠浪涌，水作玉虹流”一样。交通、水利、能源保障等基础设施不断完善，人民生产生活条件全面改善，城市功能品质全面提升，生态指标保持全国前列。赣南原中央苏区处处是气象新、面貌美、活力足、前景好的生动景象。

福建省清流县是原中央苏区县。当年，毛泽东率红四军途经此处后，写下了《如梦令·元旦》。如今，“路隘林深苔滑”的清流，早已蜕变为“路宽林茂粮丰”的山城明珠。福建省长汀县是红军长征出发地之一，也曾是我国南方红壤区水土流失最严重的县城之一。今天，一场绿色“新长征”改变了这一局面。通过一任接一任的努力，濯濯童山重披绿装，赤岭荒山蝶变为绿色家园。水土流失治理的“长汀经验”从这里走向世界。

如果说红色是革命老区历久弥新的底色，那么绿色就是革命老区弥足珍贵的亮色。人不负青山，青山定不负人。绿水青山已成为革命老区的发展靠山。革命老区的生态优先、绿色发展之路越走越宽广。在浙江丽水这片红色热土上，精神"红"、生态"绿"交相辉映。一场从"绿起来"到"富起来"的"奔富实践"，正如火如荼进行。在云和梨庄，每到春季，漫山梨花吸引着如织游客，花海中欢声笑语不绝，处处可见"满园春色关不住，古树梨花醉游人"的美丽乡村春景图。

在河南大别山，古老村落多，红色故事多，绿色森林多。革命老区田铺大塆是坐落于大别山深处的小山村，距今已有400余年的历史。1947年，刘邓大军南下，在田铺大塆设立临时指挥所，大塆后山上至今还保留着当年的战斗遗址。2014年，田铺大塆入选中国第三批传统村落。在建设过程中，田铺大塆不挖山、不填塘、不砍树、不大拆大建，最大限度地保留了历史风貌。今天，走在田铺大塆的村道上，低头是石板小巷，抬头是黄墙黛瓦，旧貌重焕新颜。红色文化、山水资源和古老文化被唤醒，"美丽经济"展现出致富魔力。

在山东，革命老区蒙阴县实施的"两山"项目，与山东大学、山东省生态环境规划研究院合作共建沂蒙山生态产品价值实现研究中心，深入探索革命老区生态产品价值实现路径，打造生态产品价值实现的"沂蒙样板"。蒙阴坚定生态立县、生态富民、生态强县"三步走"实践路径，成为全国第二批"绿水青山就是金山银山"实践创新基地、国家生态文明建设示范县。

革命老区陕西安塞地处黄土高原腹地，丘陵沟壑纵横，生态环境脆弱。安塞区委、区政府统筹谋划、同步规划生态保护与流域治理，一体推进退耕还林工程、流域综合治理、产业布局调整，扎实推动生产、生活、生态深度融合，落细大治理、

▲生态治理后的安塞区南沟村

落实大保护，促进“保护环境、修复生态”与“发展产业、群众增收”有机结合，坚持在保护中发展、在发展中保护，努力实现人与自然的深度融合，生态与经济高度统一，走出一条生态优先、绿色发展的双赢之路。

生态环境是关系民生的重大社会问题。以习近平同志为核心的党中央把生态文明建设摆在全局工作的突出位置。革命老区按照习近平总书记的要求打造生态文明家园，处处呈现气象新、面貌美、活力足、前景好的生动景象，不断提升人民群众的幸福指数和满意指数。

## 组织振兴强根基

推动革命老区振兴发展，关键在党的各级组织，关键在党的各级干部。只有基层党组织强起来，广大党员动起来，革命老区才能真正实现振兴。革命老区的广大党员干部用"第一等的工作"筑起一张张务实高效的群众工作网，架起一座座密切党群干群关系的连心桥。

"农村富不富，关键看支部；支部强不强，关键看'头羊'。"在赣南原中央苏区，赣州市深入开展基层党建质量提升行动，切实把党的组织优势转化为革命老区的发展优势，把党的组织力转化为推动革命老区发展的执行力，努力以高质量党建引领保障革命老区振兴。各县大力实施村书记、主任"一肩挑"，选优配强"领头羊"，全覆盖轮训村党组织书记、新任职村干部。持续优化领导班子专业结构，选拔熟悉产业发展等方面的干部进入县乡领导班子，增强班子整体功能，并充分发挥干部工作"指挥棒"的作用，把乡村振兴作为考察识别使用干部的"赛马场"，锤炼干部担当乡村振兴任务的"宽肩膀"，练就推动乡村振兴的真本领，干得好的进一步提拔重用，不能胜任的坚决调整下来。

革命老区福建省龙岩市，在"深化红领行动，争当红土先锋"中引导各级党建资源向基层一线下沉，高标准培育打造100个党建工作示范点、100个党建工作联系点，筑牢高质量发展的组织根基。永定区湖坑镇南江村，大力实施"党建富民强村"工程，按照"党建为引领，文化为纽带，生态为底色"的工作思路，依托资源、产业等优势，走出了一条乡村振兴新路子。

该村先后获得全国文明村、全国宜居示范村、全国100个特色村庄、全国乡村治理示范村等多个国家级金字招牌。

位于太行山东麓的革命老区河北省涉县，通过村内选贤、跨村兼职、机关下派、大学生村官任职等多种途径择优选配村党支部书记，抓住“农村党支部书记、驻村扶贫干部、农村致富带头人”三类“关键少数”，以党建促发展。

革命老区山西省长治市，以关键时刻看担当、严峻考验辨德才，在斗争一线鲜明亮出干部优劣的标尺，打出一套刚柔相济的“组合拳”，引导广大干部当先锋、打头阵、作表率。持续开展“我为群众办实事”实践活动，着力解决群众最盼、最急、最忧、最怨的问题，用干部的“辛苦指数”换来群众的“幸福指数”。基层党组织建设给老区人民带来了实实在在的红利。

革命老区扬优势、固根基、补短板、强动力，全面打通政策落地“最后一公里”，着力解决突出民生问题，着力打造红色品牌，着力擦亮绿色发展底色，着力增强发展支撑力，着力壮大特色产业。革命老区在强化开放引领、加强生态保护、提升基础能力、建好人才队伍、增进人民福祉等方面下真功夫、硬功夫，使革命老区振兴发展之路越走越宽广。老区人民弘扬老区精神，坚定执着跟党走的信念坚如磐石，革命老区的政治底色更加鲜亮。革命老区与全国一道正朝着第二个百年奋斗目标大步迈进，在振兴发展中梦想飞扬，幸福起航。

# 后 记

《老区何以不老——让老区精神永放光芒》一书，旨在贯彻落实党的十八大以来习近平总书记关于大力弘扬老区精神的指示要求，以老区精神孕育形成、传承弘扬为主线，全面回顾新民主主义革命时期，老区人民在党的领导下，为壮大革命力量、取得革命胜利所付出的巨大牺牲和重大贡献，彰显老区人民与共产党水乳交融、老区人民与人民军队亲如一家的鱼水情深，多维度阐释了老区精神的丰富内涵、历史地位和时代价值。同时，充分展示新时代以来，老区人民在建设中国式现代化伟大进程中继承发扬老区精神、努力改变老区面貌的奋斗历程和巨大成就。

全国红色基因传承研究中心、江西省社会科学院高度重视此书的编撰工作，抽调全国红色基因传承研究中心办公室和江西省社会科学院历史研究所长期从事党史研究的人员组成课题组开展研究。在认真学习领会党和国家领导人相关论述、广泛梳理历史文献资料、深入开展调研和专家座谈的基础上，课题组确定了本书研究思路和研究框架，并最终形成了书稿。其中：前言由钟小武、姜庆刚撰写，第一章由易凤林、姜庆刚撰写，第二章由张丹撰写，第三章由吴晓荣撰写，第四章由李建华撰写，第五章由庞振宇、王斯鸿撰写。钟小武负责书稿的框架设计、提纲拟定、内容修改和统稿工作，江西教育出版社社长熊炽、总编辑桂梅、副社长张芙蓉对本书写作进行了精心指导。在此，谨向所有关心和支持本书编撰工作的领导、专家及同志表示衷心感谢！

由于本书涉及内容时空跨度大，资料收集和提炼有一定难度，加上编撰时间紧，不免有疏漏之处，恳请方家和读者批评指正。

编　者

2023年8月